卢德之 著

让资本走向共享

Collective
Sharing of Capital

华夏出版社
HUAXIA PUBLISHING HOUSE

序 一

湖湘大地，自古就是一片热土，得麓山湘水滋养，形成了极具超越性、实践性和创新性的湖湘文化，涌现了众多心忧天下、济世救民、把天下事当作自己家里事的仁人志士。他们中有"其文约，其辞微，其志洁，其行廉"的楚大夫屈原；有"胸罗文章兵百万，胆照华国树千台"的汉太傅贾谊；有"出淤泥而不染，濯清涟而不妖"的理学开山鼻祖周敦颐；有"六经责我开生面，七尺从天乞活埋"的天地大儒王船山；有"师夷长技以制夷"，被誉为"睁眼看世界第一人"的魏源；有为民族图存，南征北战、传播西学、兴办洋务的"中兴将相"曾国藩、胡林翼、左宗棠；有"我自横刀向天笑，去留肝胆两昆仑"的维新运动急先锋谭嗣同；有为推翻封建帝制、扬民主、倡共和，不惜牺牲生命的黄兴、蔡锷、宋教仁、卢性正；有领导中国人民推翻三座大山、开创人民当家做主新时代的毛泽东、蔡和森、刘少奇、任弼时、贺龙、彭德怀；等等。

惟楚有才，于斯为盛。卢德之博士和我都成长在这样一片土地上，有幸一起在岳麓山下求学看天下。那时，德之博士已经是一位非常成功的企业家，有着多年为官经商的经验。被问及来读博士的目的，他自嘲说："我是来这里补德的。"他确实"补了德"，他为资本发展补充了道德的力量，为资本插上了精神的翅膀。他深刻地认识到，对于中国企业和企业家来说，现在最重要的任务，已经不再是如何积累资本，如何找钱找项目，而是要找寻、探索一种中国市场经济发展的精神，找到中国企业家应具有的灵魂，找到我们发展动机的道德支柱，找到使中国企业发展壮大、财富不断涌流的精神源泉。德之博士找到的就是资本精神。他为中国企业家设计了一条由富人变好人的成长路线。那就是在条件成熟时，将财富捐出来，成立非公募慈善基金会。

卢德之博士不仅是一个思想家，更是一个实践者。他不仅提出了"资本精神"的理论，更将它用于指导自己的慈善实践。2008年5月，他与搭档李光荣博士一次性捐出2亿元人民币，成立了当时我国大陆地区原始出资额最大的非公募基金会——华民慈善基金会，并出任理事长，立志探索中国特色现代慈善事业，努力把华民慈善基金会打造成"有一流的理念、一流的机构、一流的团队、一流的项目"的代表中华民族软实力的一张名片。

序 一

华民慈善基金会创会伊始即与汶川地震灾区签订了多项重建项目协议；成立之初就开展的大学生就业扶助项目六年来斥资1亿多人民币，在全国70余所高校资助3万多名、培训5万多名贫困大学毕业生，帮助他们顺利地实现了就业。华民慈善基金会还与中国公益研究院合作创立了资本精神研究中心，与美国罗格斯大学合作设立了华民研究中心，与美国东西方中心等多家团体共同发起主办了东西方慈善论坛，使中国的慈善走向了世界，为世界慈善交流、中美关系发展做出了重要贡献。今年伊始，华民慈善基金会还与深圳残友集团合作，共同推进残疾人就业和残疾人保障事业，为改变残疾人生存方式、提高残疾人生活质量探索新的道路。

卢德之博士通过华民慈善基金会的慈善实践，不断推进中国特色现代慈善的理论创新和实践探索，并应邀以"资本精神"与"现代慈善"、"走向共享"为主题，在海内外的许多大学、论坛发表演讲，好评如潮，被誉为中国现代慈善的代表人物之一。卢德之博士也因为其"资本精神"、"走向共享"的理论贡献和他率领的华民慈善基金会的慈善实践，当选为世界生产力科学院院士、中国政策研究基金副主席、中国社会组织促进会基金会分会会长和国际儒学联合会副理事长等社会职务。

去年，卢德之博士的专著《论慈善事业》、《走向共享》相继在人民出版社和北京大学出版社出版。他立足于中国社会现实，放眼全球发展的大趋势，将华民慈善基金会的慈善实践与自己的理性思考相结合，冷静、深刻地阐释了以资本精神为主体的新财富论、以现代慈善理念为主体的新慈善论和以社会共享理论为主体的新共享论，形成了具有华民慈善基金会特色的理论体系。

今年9月26日，我应邀在北京师范大学听取了卢德之博士在京师公益大讲堂所做的"让资本走向共享"的精彩演讲。这个演讲构成了今天大家所看到的这本书的基本内容。卢德之博士指出，人类社会进入二十世纪后半叶特别是进入二十一世纪以来，无论国际还是国内，无论东方还是西方，经济社会发展都处于一个重要的转型期，资本对经济社会乃至政治的巨大作用与影响，促使人们不得不比以往任何时候都要深入研究资本及其作用、影响，并且必须认真地回应与寻找突围现实困境的方式与方法，并且深入讨论与追求未来社会的发展方向。卢德之博士认为，资本的出路，就是共享。应当让资本发展与多数人的利益结合起来，为多数人服务，为社会发展服务。

前些年，我在德国考察时，与德国朋友一起探讨过共产主义一词的词源德语"Kommunistischen"和英文"Community"的本义。大家都认为这两个词有共有、共识、共享、共同的责任、共同体、社会、社区的意思。可能马克思、恩格斯当时说到该词的本义就应当是让资本走向共享吧！我理解让资本走向共享有两种方式：一是通过革命的方式，实现财富的重新分配；另一种是通过主动分享的方式，缓解社会两极分化和社会不公等问题。我们国家通过建立社会主义制度，已经从根本上解决了资本为大多数人服务的问题。30多年前开始的改革开放和社会主义市场经济制度，让一部分人、一部分地区先富了起来，同时社会发展的不均衡又引发了一系列社会问题。这个时候该怎么办？如何解决公平与效率的问题？如何在推进改革开放、发展市场经济的同时，进一步为先富起来的一部分人和地区设计一条先富带动后富，最终实现共同富裕的路径呢？这些都成了我们今天不得不认真加以思考的问题。

卢德之博士在这本《让资本走向共享》的书中，为我们打开了解决这一问题的一个全新的视角。他系统地论述了资本、多数人与资本精神、共享思想以及现代慈善之间的理论关系与实践历史，指出现代慈善既是资本走向共享的伟大实践，也是推动财富共享的最早桥梁和最好路径。其中新意迭出，既引人深思，更发人深省。

作为卢德之博士的同学、好友，我见证了他从资本精神到现代慈善、到走向共享、到让资本走向共享的理论建构过程，见证了华民慈善基金会从初创到今天成为一家有着重要国际影响力的现代慈善基金会的发展历程。

推荐每一位关心国家发展和民族命运的人士，特别是各级领导干部认真读一读卢德之博士的这本《让资本走向共享》，深刻体悟卢德之博士作为一个有知识、有理想、有市场成就、有道德情操、有社会责任感的新一代中国企业家的经济发展愿望，和作为一个有大爱、有胸怀、有至善追求、有百姓情怀、有民族复兴抱负的新一代中国慈善家的社会公正理想，为把我国建设成为富强、民主、文明、和谐的社会主义强国，实现中华民族伟大复兴的"中国梦"而贡献更大的力量。

　　　　　　　　任俊华[①]　甲午年仲冬　于艮止斋

---

① 任俊华，哲学博士，现任中共中央党校哲学部教授、博导、博士后合作导师。兼任教育部研究生学位论文评议专家、全国社科基金通讯评委、中国国学研究院荣誉院长等。

序 二

Preface

In this book, Dr. Dezhi Lu aptly describes the historical development and modern applications of capital, and the key role it can play in human development. Dr. Lu builds on his previous writings to integrate his two main theories — the Spirit of Capital and Collective Sharing. As Dr. Lu recognizes, capitalist and socialist systems have increasingly converged toward the "mixed economy" model over the last several decades. As capitalist nations place greater value on social welfare, and socialist societies embrace the importance of capital, humanity has and will continue to benefit.

With his extensive background in charitable giving, Dr. Lu also illuminates the necessity, and deep potential, of modern philanthropy. He rightly advocates for wealthy individuals and groups in China and elsewhere to expand their participation in philanthropy, and highlights the advantages of doing so. As Dr. Lu holds, modern philanthropy is perhaps the best approach by which we can harness the power of capital to address social problems and advance human development. Particularly at this point in China's economic development, strengthening its culture of charitable giving is essential. Dr. Lu not only describes the current state of philanthropy in China, but also provides a useful framework for creating a supportive social environment in which philanthropy can thrive.

We are fortunate to have strong voices, such as Dr. Lu's, to advocate for such progress. If Dr. Lu's example is followed to a greater extent, our societies will have much better means to advance social development and enhance the lives of those in need.

Richard L. Edwards, Ph. D. [1]
Executive Vice President for Academic Affairs
Chancellor, New Brunswick
Rutgers University

---

[1] Richard Edwards：博士，美国罗格斯大学常务副校长。曾为拙文《走向共享》英文版评论道："Dr. Lu is a visionary leader who has made strong contributions to the advancement of Chinese philanthropy. This work contains his insightful reflections on philanthropy in China, and helps us to understand its dynamics, developments, and possible future directions. His writing reflects a breadth of first-hand experience, as well as a strong theoretical foundation. Dr. Lu has presented his compelling outlook on the nature of charity and its relationship with modern conceptualizations of ownership. In doing so, he has helped to shape our modern approach to philanthropy in an increasingly globalized world."大意为：卢博士是一个对中国慈善事业进步做出巨大贡献的有远见的领导者。这项工作包含了他对中国慈善的深刻见解，以及帮助我们了解它的动态、发展以及未来可能的方向。他的文章体现了广泛的第一手经验，以及强大的理论基础。卢博士提出了他对慈善本质的引人注目的观点以及其与所有权的现代概念化的关系。通过这样的做法，他也在日益全球化的世界里，帮助我们塑造现代慈善的途径。Richard Edwards 博士勉励我的话一直激励我往前走，与大家一起努力把现代慈善做得更好。

序二（译文）

卢德之博士在这本书中，贴切地描述资本的历史发展和现代应用以及资本可以在人类发展中所发挥的关键作用。这本书建立在卢博士之前的著作基础上，整合他的两个主要理论——资本精神和共享。如卢博士指出，在过去的几十年里，资本主义和社会主义的制度有越来越多地聚合，都走向了"混合经济"模式。当资本主义国家注重社会福利价值，而社会主义社会拥抱资本的重要性，人类已经并将继续受益。

根据他在慈善捐赠的深厚经验，卢博士也点出现代慈善的必要性及巨大的潜力。他倡导在中国和其他国家的富人和团体，应扩大他们对慈善的参与，并强调这样做的优点。正如同卢博士所认为的，现代慈善有可能是我们可以利用资本的力量来解决社会问题，促进人类发展的最佳途径。特别是在目前中国的经济发展上，加强慈善捐赠的文化是至关重要的。卢博士不仅描述了中国慈善的现状，而且还提供了一个如何创造有利的社会环境，使慈善事业可以发达的框架。

我们很幸运地有像卢博士这样洪亮的声音，来倡导这种进步的主张。如果卢博士的例子能被大程度地追随，我们的社会将有更好的工具来促进社会发展，提高那些需要帮助的人的生活水平。

罗格斯大学常务副校长
新布朗斯维克校区校长
理查德·L. 爱德华兹，博士

目录

让资本走向共享

引　言 ·· 1
一　问题的提出 ·· 5
二　我所理解的资本与资本文明 ················· 15
三　文明的两大推手：资本与多数人 ············ 28
四　全球大趋势：资本正在走向共享 ············ 37
五　回归文明的动力：资本精神与共享思想 ··· 49
六　现代慈善：让资本走向共享的重要路径 ··· 65
七　当代资本文明发展与慈善创新 ·············· 77
八　国际慈善交流与全球共享思想的传播 ····· 98
九　走向共享：实现中华民族伟大复兴的必然使命 ··· 107
十　结束语 ··· 132

附 录 ·········· 135

中美慈善交流与合作之战略思考
——在洛克菲勒庄园等地的会谈纪要 ·········· 135

共享：国人120年的苦苦追求
——在华民慈善基金会内部学习座谈会上的讲话 ·········· 164

如何建设好一个基金会
——洛克菲勒慈善顾问机构总裁梅丽莎·伯曼博士访谈录 ·········· 178

中国慈善发展大趋势与教育基金会转型
——在湖南省教育基金会第16次研讨会上的演讲 ·········· 184

后记：生命不息"补德"不止 ·········· 207

致 谢 ·········· 214

参考书目 ·········· 216

引 言

2012年秋天，我参加在长沙岳麓山举行的"中国慈善发展的历史审视与现实思考"全国学术论坛，做了一个"慈善就是共享"的演讲，第一次谈到慈善与共享的关系。2013年夏天，应邀到哈佛大学做演讲，题目就是"超越左右，追求共享"。从哈佛回国后的第三天，应邀到中山大学怀士堂做了一场演讲。1923年孙中山先生在怀士堂发表了一个著名演讲，号召青年学生立志做事、"走向共和"。我在那里演讲的题目则是"走向共享"，那是我第一次明确谈到"走向共享"的观点，得到了热烈的响应。随后，受邀到多个地方以"走向共享"为题做了各有侧重的演讲，并把自己的一系列思考写成《走向共享》①一书，

---

① 拙著《走向共享》于2013年由北京大学出版社出版。我力求在总结前人阐述的基础上，对"共享"进行了新的定义，上升到了"共享"理念和"走向共享"的构想，比较系统地提出、思考和阐述了共享思想。主要对共享的基本内涵、外延、内容、特征、主要形态进行了理论性的描述，还从东西方文明发展、交流的脉络中，对"共享"的必然性进行了比较分析。同时，从财富观、治理观和信念观的角度，对"共享"的核心价值进行了深刻阐述，提出了从共识、共治到共享的基本路径，进而提出了实现以民主法治为基础的新社会主义发展目标。我还提出了全球共享的问题，认为慈善国际化是共享国际化的最好途径。我期待自己关于"共享"的初浅思考能够为勇于创新的人提供一些参考与同行者的慰藉。

2013年秋天在北京大学出版社出版。不久，美国东西方中心把那个小册子译成了英文，在首届东西方慈善论坛（夏威夷）上进行了交流①。我认为，走向共享是一个宏大的政治、经济、文化、社会发展主题，值得全社会深入地思考与挖掘。

所以，最近一年多以来，我的思考更多地集中到了两个问题上：一个是资本，另一个是共享；资本是经济社会发展的重要基础，共享是经济社会发展的方向或者说目标。2014年下半年开始，我受邀就有关思考发表演讲，交流自己的认识。特别是2014年8月28日，在北京大学斯坦福中心举办的"中美战略慈善第四届年度工作坊"上发表了"让资本走向共享"的主题演讲，得到了与会的国内外朋友的积极回应。之后，我围绕"让资本走向共享"这

---

① Dr. LU Dezhi：《Towards an Ethos of Cooperative Sharing》(This essay represents a synthesis of speeches delivered at 10 locations in China and the United States, including Harvard University and Tsinghua University) Dr. Anthony Saich (Daewoo Professor of International Affairs, Director of Ash Center for Democratic Governance and Innovation, John F. Kennedy School of Government, Harvard University): "Modern philanthropy has emerged as a part of the reforms in China that have released the vitalities of the private sector. Dr. Dezhi Lu has been at the forefront of thinking about the role of philanthropy in contemporary China. This piece addresses what he sees as the revolution of the willing redistribution of wealth by the privileged. He stresses the need for moral character. For anyone interested in the thinking of major philanthropists in China and their thinking on giving more broadly, this piece is compelling reading."

个中心，从多个方面深入思考与研究，并先后在中国家族财富传承峰会、全球慈善家协会（Global Philanthropy Circle）洛克菲勒庄园国际慈善座谈会、中美反贫困国际研讨会、首届中国慈善论坛、北京师范大学京师公益讲堂、台北图书馆、台湾法鼓山佛教学院、第三届中国公益慈善项目交流展示会（深圳）、南京大学、洛克菲勒家族暨全球慈善家协会代表团座谈会、世界青年论坛、湖南省教育基金会等地演讲，交流自己的思考。我认为，二十世纪后半叶特别是进入二十一世纪以来，无论国际还是国内，无论东方还是西方，经济社会发展都处于一个重要的转型期，资本的作用比以往任何时候都要显著，且越来越激起人们的广泛关注与研究，许多问题的解决或缓解都越来越集中到资本上来了。而现实的问题是，人们对资本的认识、对资本作用的把握与运用，总是那么迷惘，那么困惑，甚至带着复杂与偏激的情绪。但不可否认资本对经济社会乃至政治的巨大作用与影响，促使人们不得不比以往任何时候都要深入研究资本及其作用、影响，并且必须认真地回应与寻找突围现实困境的方式与方法，并且深入讨论与追求未来社会的发展方向。我从资本出发，找到的是共享。

在朋友们的建议和鼓励下，我把自己的思考和演讲整理出来，形成了这个《让资本走向共享》的小册子。

当然，我清醒地知道，我的这些思考只是对共享这个宏大叙事的初步认识，如果能够为大家的探索提供一些理论与实践上的思路，就是对我最大的鼓励了。所以，其中粗陋之处，敬请读者批评指正。

一　问题的提出

任何问题的出现往往都有深刻的现实原因。

我们为什么会提出让"资本走向共享"的问题呢？资本与共享能够联系到一起吗？问题已经摆在这里。作为社会财富资源的重要形式，资本在现代社会的作用日益强大，同时资本特别是资本创造的财富也日益呈现出复杂而尖锐的问题。就现实而言，我认为，有许多相当突出的经济社会现象不得不让我们思考一些与资本有关的问题，让我们感到资本走向共享的必要性与迫切性。

我们比任何时候都已经清楚地看到，现代资本特别是金融资本、新兴产业资本创造财富的速度日益加快，甚至到了惊心动魄的程度。这样的成功案例很多，最突出的是互联网公司及其投资者的收益率之快、之高。比如腾讯公司，1998年11月成立，2004年6月16日在港交所完成IPO，发行价每股3.7港元，到2014年3月7日达到每股646港元，股价累计上涨了174倍。2013年

让资本走向共享

马化腾持股数量为 1.9 亿股，占比 10.2%，如果按照 2014 年 3 月份的平均股价计算，其当月持股市值约为 1107.6 亿港元，折合人民币 886 亿元。17 年间马化腾个人财富达到了骇人的扩张速度。再看看马云，随着阿里巴巴在美国创出最大 IPO 后，马云的个人持股占比由 IPO 前的 8.8% 下降到 7.8%，以收盘价计算，马云净财富达到 219 亿美元，即刻"一夜暴富"，成为中国大陆首富，跻身全球 50 大富豪之列，排名第 34 位。仅仅 19 年间，马云创富的速度让人们再一次看到企业家依托全球资本市场的巨大成功。这是现代资本，金融资本创造出来的奇迹。而 100 多年前，美国洛克菲勒家族利用产业资本也创造出了巨大的财富，但他们创富的速度与额度却无法与现代金融资本相比了。财富这样快速集聚往往是一把双刃剑，既促进创新，也潜伏着复杂的社会矛盾[1]。这样通过资本的作用快速积聚起来的财富将走向何

---

[1] 比如阿里巴巴在美国上市后，财经学者水皮就撰文《一个二十一世纪资本论的非典型样本》认为："如果说一将成名万骨枯，马云的首富是建立在对淘宝无数店小二剥削基础以上，估计很多人都会鼓掌的；但如果说马云本身也是资本的奴隶被孙正义剥削个没完没了，估计同样会有人喝彩，只不过肯定喝的是倒彩。工人农民被剥削好理解，资本家被资本家剥削或者确切地讲企业家被资本家剥削很多人不能理解；但是，事实就是这样，尽管我们普通人和阿里们的财富已经呈现不可逆转的两极分化，但是从绝对数而言，孙正义从阿里获取的财富和马云的身价相比更极端，也是一种两极分化。这就是资本的力量。"见《华夏时报》，2014 年 9 月 27 日。

处呢？又将如何影响社会心理与社会价值观的变化？这一切都需要全社会慎重地加以思考并给出回答。

同时，资本正在以不同的方式在全球范围里快速流动，并且迅速地改变了全球资本流动结构与配置方式。据资料表明，2012年发展中国家吸收的外国直接投资有史以来首次超过发达国家，多出1300多亿美元。总的来看，无论是吸引外资还是对外投资，发展中国家在全球外国直接投资格局中占据了前所未有的地位。2012年，全球FDI（外商直接投资）十大流入地依次是美国、中国、中国香港、巴西、英国、法国、新加坡、澳大利亚、加拿大和俄罗斯。2014年，随着发达国家经济回升的确定性不断增强，世界经济复苏步伐将明显加快。外部环境也有利于全球直接投资，各区域经济一体化安排占全球FDI比重逐步演变。中国企业"走出去"的步伐、人民币国际化进程都进一步加快，推动中国成为国际投资领域的重要力量。2014年4月，中国人民银行先后与德国央行、英国央行签署人民币交易清算与结算业务的合作备忘录。中、法两国也在2014年3月签署了《中法关系中长期规划》，同意继续就在巴黎建立人民币交易清算和结算安排进行讨论。这些措施有利于亚洲与欧洲的金融中心更好地协作联动，形成离岸人民币全球市场，为海外人民币业务开展和产品创新提供更多便利。可以想象得到的是，未来3到5年间，离岸人民币市场将加速形成，欧洲将成为继香港和东盟之后的主要地区，在非洲和南美也有可能形成，人民币流通体系有望进一步扩大①，将对以美元为中心的世界货币结构形成新的压力，全球资本结构与配置方式将逐步发生新的发展与变化，还将可能改变世界的财富结构，促进世界经济发展方式与方法的不断创新。

与上述两大资本现象密切相关的是，无论东方还是西方，贫富差距迅速扩大的背后都有资本那个巨大的身影。我们先看看美国的情况。美国联邦储备委员会主席珍妮特·耶伦在2014年10月17日指出，美国贫富差距日益扩大，已经逼近最近100年来的最高水平。美国贫富差距在过去几十年间持续扩大，仅在2008年金融危机期间因富豪资产缩水、政府对普通民众补贴增加而有所缓和，但是，随着经济复苏、股市反弹，财富和收入不平等现象继续加剧。特别是美国劳工市场复苏缓慢，工资收入增长较慢，房价涨幅不足以弥补人们在次贷危机中的损失。同时，学费上涨，学生贷款总额骤增，从2004年的2600亿美元升至2014年的1.1万亿美元。学生贷款负担过重，意味着穷人家的孩子可能读不起大学，又进一步加剧了社会

---

① 参阅马小芳：《全球资本流动变动及前景预测》，《中国经济时报》，2014年6月24日。

不公①。中国的情况也让人担忧。国家统计局2013年1月18日首次公布了中国基尼系数。数据显示,2012年中国的基尼系数为0.474,这表明当前中国国内居民贫富差距依然较大②。世界上其他国家也呈现程度不同的贫富差距问题。正如托马斯·皮凯蒂说:"从欧洲、美国的情况来看,确实存在一个较为普遍的趋势,就是上层阶级财富的增长速度要快于中产阶级。我认为,这会对未来的经济和政治体系构成威胁。"③这说明,世界经济发展了,社会财富增多了,人们面临的问题也随之增多了④。资本作为财富创造的原动力,让当今的人类社会发展到了前所未有的财富高度,但其不断扩张、增值逐利的本性却如同一个紧箍的魔咒,挥之不去,带来了许多社会矛盾、全球性问题

---

① 参阅杨舒怡:《美贫富差距逼近历史新高》,新华网,2014年10月19日。

② 参阅《统计局公布2003年到2012年基尼系数》,中国新闻网,2014年1月18日。

③ 参阅《〈21世纪资本论〉作者:认同资本主义和市场力量》,21世纪经济报道,2014年11月15日。

④ 瑞士信贷银行2014年11月14日发布的最新报告显示,全球财富过去一年中增加8.3%,达到创纪录的263万亿美元,但是贫富差距在加大,1%的人拥有近50%的财富。这说明,虽然财富总量增加,但是分配差距在加大。全球个人财富的平均值达5.6万美元,创新纪录,但是个人财富的中值自2007年金融危机爆发以来下降14%。财富中值即资产较多的半数人和较少的另一半人的财富分界线。瑞银分析师说,从最新数字看,自2008年以来,财富分配两极分化趋势在加深,尤其是在发展中经济体。参阅《全球财富增加 贫富差距加大》,新华网,2014年10月16日。

让资本走向共享

和生态灾难。一方面社会财富急剧增长,另一方面由于社会体制发展相比于急进的经济已经滞后,以致贫富分化日益严重,社会矛盾潜滋暗长,形成社会突出问题的危机不容轻视。也就是说,人变了,社会变了,生态也变了,变得不是想象的那么好了。这一切,似乎都在呼唤全社会进一步完善社会制度特别是法治建设的同时[①],也在呼唤一种具备人类终极关怀的道德力量的崛起,呼唤人们思考更加深层次的与资本发展密切相关的前景问题,以及与资本有关的人类精神与道德问题。

事实上也的确如此,资本发展、经济发展所带来的社会道德变化更加让人们感到非常不安了。正如习近平主席

---

① 我们欣喜地看到,2014年10月20至23日,在北京召开的党的十八届四中全会把"法治中国"提升到前所未有的高度。"法令行则国治,法令弛则国乱。"党的十八大以来,以习近平同志为总书记的党中央深刻总结历史、着眼未来,提出全面推进依法治国,对法治建设做出了重大部署,积极回应了人民群众的关注和期待,表明了党中央加快建设社会主义法治国家的坚定决心和信心。从提出"法治是治国理政的基本方式,全面推进依法治国",到明确"坚持依法治国首先要坚持依宪治国,坚持依法执政首先要坚持依宪执政";从强调"建设法治中国,必须坚持依法治国、依法执政、依法行政共同推进,坚持法治国家、法治政府、法治社会一体建设",到要求各级领导干部"提高运用法治思维和法治方式深化改革、推动发展、化解矛盾、维护稳定能力"等,以习近平同志为总书记的党中央高扬法治精神、发展法治理论、运用法治思维、创新法治方式,为中国特色社会主义法治道路指明了方向,为我们党治国理政提供了根本目标。所以说,中国共产党十八届四中全会审议通过的全面推进依法治国的纲领性文件,不仅开启了法治中国建设的新征程,也为实现中华民族伟大复兴的中国梦提供了有力的法治保障。

所说的:"当今世界,人类文明无论在物质还是精神方面都取得了巨大进步,特别是物质的极大丰富是古代世界完全不能想象的。同时,当代人类也面临着许多突出的难题,比如,贫富差距持续扩大,物欲追求奢华无度,个人主义恶性膨胀,社会诚信不断消减,伦理道德每况愈下,人与自然关系日趋紧张,等等。要解决这些难题,不仅需要运用人类今天发现和发展的智慧和力量,而且需要运用人类历史上积累和储存的智慧和力量。"① 显然,全球的伦理道德问题已经到了必须重振的时候了。否则,物质丰富的世界也会让人感到索然无味。就像在美国生活了多年的林毓生先生所说的那样:"我常想,只有宇宙冥冥之中或有其公正,才能解释为什么许多美国人在这样得天独厚的环境中,会那样地不快乐。他们有那么好的法治,那样多的自然资源,那样有活力的经济,但许多人居然过着那样差劲的、没有人味儿的生活。"② 他这样深刻的感慨既是对美国现实的疑问,同时也提醒我们好好想一想全社会的道德建设,认真处理资本发展与人类精神的关系了!中国从来就是一个伦理道德大国,拥有一整套成熟的、至今仍然

---

① 参阅《习近平主席在纪念孔子诞辰2565周年国际学术研讨会暨国际儒学联合会第五届会员大会开幕会上的讲话》,人民网,2014年10月28日。
② 林毓生:《政治秩序与多元社会》,第164页,台湾联经出版事业公司,1989年版。

引导和规范社会生活的传统道德，应当也能够为当今世界处理资本发展与道德追求的关系提供思想资源和行为借鉴。

所以，再往深处思考，我想呼吁的是，全世界已经到了再一次认真思考资本本质属性与资本目的的时候了。我们知道，资本很早就成为人类政治、经济、文化、社会发展的重要基础。特别是到了当代经济社会，资本已经是无孔不入、无处不在了。同时，资本的本质特征，尤其是资本对利润的追求，也早已被人们认识和挖掘得相当深刻了。但是，问题是人们对资本的分析又常常局限于狭小的视域，缺乏从人类发展的大趋势上探索资本的当代价值与意义，更缺乏对资本与其他相关概念（比如多数人目标）之间的辩证关系，以致今天我们仍然没能更好地挖掘出资本的最好价值。我想，尽管资本在不同历史时期拥有不同的形象与境遇，但资本是一种"现实的社会存在"的性质一直没有改变，而且这一特征在不同的社会形态中又被赋予了不同的内涵，不同的社会形态又决定了人们对资本的关注点和价值判断的差异性。从本质上看，资本本身是中性的，但资本在人类发展过程中总是因为掌握资本的人的好坏而表现出善、恶两面性。资本的善，一方面表现在资本创造了巨大的物质财富，并以此构成了共享的物质基础；另一方面，资本又不断推动社会关系更文明地发展。

比如现代经济社会活动中，资本所创造的新型社会关系同以前的奴隶制、农奴制等形态下的社会关系相比，都更有利于生产力的发展，有利于社会的进步与发展。资本的恶则表现得更为复杂，比如资本与国家的联合，既加速了阶级分化，也加速了全球性的收入与权力的不平等；比如资本积累一旦在某个环节发生失调，就会导致经济危机的发生；比如资本的破坏性带来的社会动荡，就会形成不平等、不稳定的社会关系与国际秩序。那么，资本善、恶两方面的属性又让我们看到了什么呢？我认为，资本发展到现在，已经倒逼人们一定要思考让资本走向共享的问题了，特别是要让资本发展与多数人的利益结合起来，让资本创造的财富以适当的方式为更多的人所共享，这不仅是一种伦理价值的拷问，更是一定政治、经济、法律、文化等社会形态方面的现实诉求与目标设计。具体而言，就是要让资本在发展过程中，坚持不断消除财富分配不公、阶级分化、环境危机等消极影响，促进资本创造的财富有利于建设更加文明的社会关系、更加有序的经济秩序、更加公平正义的财富分配方式等等，真正赋予资本以活的精神与灵魂，实现让资本为多数人服务的目的。

基于以上的困惑与思考，我提出了让资本走向共享的命题。

而且，我的一个基本判断是，资本与多数人才是人类社会发展的物质基础与制度基础。让资本创造的财富为多数人服务，一直是人类社会发展中的基本诉求。这种诉求就是资本精神。资本精神发展到二十一世纪，已经形成一种重要的趋势与方向，那就是走向共享——一国之中的全民共享，国家（或国家与地区）之间的全球共享。现代慈善则是推动共享的最早桥梁和最好路径。所以，我希望从一个全新的角度系统地论述资本、多数人与资本精神、共享思想以及现代慈善之间的理论关系与实践历史。资本是一种特别的财富，一种能够带来新财富的财富，资本创造的财富应当为多数人服务。资本、多数人原则背后蕴藏的就是资本精神与共享思想。资本与多数人才是人类社会发展的物质基础与制度基础。随着资本文明的发展，资本主义不断吸收了多数人原则，社会主义肯定了资本的价值与作用。现代慈善既是资本走向共享的伟大实践，也是推动财富共享的最早桥梁和最好路径。资本走向共享已经成为当今人类社会发展的一个重大主题和必然趋势，必将推动人类文明的发展与进步。

二　我所理解的资本与资本文明

我对资本的基本认识是，资本是个好东西，资本是人类经济社会发展的一个重要源头。尽管我们生活在资本越来越发达的现代社会里，无论社会生活、个人生活都离不开资本，但我们至今还没有好好认识资本。当然，资本本身也太复杂了，我们也的确难以把握好资本及其特征。我想，明确这一点，非常重要。

古往今来，人们对资本已经给出了许多解释，都闪烁着智慧的光芒，包括重商主义资本观、古典主义资本观、空想社会主义资本观，还有马克思主义资本观等等。但是，不管哪一个流派的资本观或者资本学说，概括起来不外乎强调：资本是积累，是投资的方式，是投资与劳动的关系，或者是人与人之间的一种关系等等，都从某个方面揭示了资本的特质和某些基本属性，对人们理解、把握、运用资本，推动人类社会的发展与进步发挥了积极的作用。比如，人类社会发展到工业革命以后，经济社会财富得到了空前的增长，资本在其中发挥了重要作用，世界资本主义进入了重要的发展时期。但是，随着技术、经济的发展与进步，掌握资本的人通过资本的投资，不断积聚了越来越多的财富，广大劳工却因此陷入了更加严重的贫困，根本没有享受到资本主义发展带来的好处。这时候，马克思在长期研究资本及资本主义生产过程中，发现了资本家积累财富的秘密，并在《资本论》中对资本进行了新的描述：资本是能够带来剩余价值的价值，"资本来到世间，从头到脚，每个毛孔都滴着血和肮脏的东西。"① "资本是死劳动，像吸血鬼一样，必须吸收活的劳动，方才活得起来，并且吸收得愈多，它的活力就愈是大。"② 后来，特别是二十世纪后半叶以来，一些研究者对马克思的这种描述资本提出了不同看法，甚至不顾当年的历史条件而歪曲了马克思那样批判资本的正确性。其实，我们也知道，无论是马克思还是恩格斯都从来没有给资本下一个明确的定义。马克思那样描述资本血淋淋的面孔，也真实地揭示了资本在当时资本主义条件下的一种实际状态，一种"吃人"状态，也可以说是揭示出了资本的一种本质特征。正如马克思所说的那样，在资本主义生产关系条件下，"工人作为独立的人

---

① 这是马克思在《资本论》第一卷第24章第6点《工业资本家的产生》末尾所写的一句话。

② 马克思：《资本论》第1卷，第233页，人民出版社1953年版。

二 我所理解的资本与资本文明

是单个的人,他们和同一资本发生关系,但是彼此不发生关系。他们的协作是在劳动过程中才开始的,但是在劳动过程中他们已经不再属于自己了。他们一进入劳动过程,便并入资本。作为协作的人,作为一个工作有机体的肢体,他们本身只不过是资本的一种特殊存在方式。"[1] 显然,马克思并没有什么错。

当然,随着世界经济社会的发展,特别是到了现代世界经济社会里,既存在资本主义生产关系条件下的市场经济,也存在发展中的中国特色社会主义市场经济等,前者是资本主义发展的结果,后者却是马克思当年并没有设计的,也是马克思所没有想到的,是一种全新的经济发展形态。所以,今天我们必须面对现实,在充分肯定马克思当年批判性描述资本的正确性的同时,更要运用马克思主义世界观、方法论,具体地分析、研究当年马克思没有看到、也没有预见到的经济社会现象。而且,我想特别要说的是,面对世界发达的资本市场,特别是中国大陆已经蓬勃发展起来的资本市场,我们真正认识和把握了资本了吗?

首先,从理论上看,马克思总是用发展的眼光审视问题,他对待资本的态度也是辩证的,并没有孤立、静止地

---

[1] 马克思:《资本论》第1卷,第386~387页,人民出版社1953年版。

看待资本。为什么这样说呢？因为马克思在批判和否定资本之"恶"的同时，又在《资本论》中对资本给出了肯定的理解。他说："资本的文明面之一是，它榨取剩余劳动的方式和条件，同以前的奴隶制、农奴制等形式相比，都更有利于生产力的发展，有利于社会关系的发展，有利于更高级的新形态的各种要素的创造。"[①] 这也就是马克思关于资本"三个有利于"的重要论述。遗憾的是，长期以来我们却没有很好去理解，更没有好好抓住这个论述往前走。实际上，马克思就是这样充满了辩证法，他既揭示了资本的"丑恶"，也看到了"资本的文明"，并没有完全否定资本。还有，他当年买卖股票、投资金融市场，不也是一种肯定资本、利用资本的方式吗？所以，我们必须为资本正名。

其次，我们在资本实践中似乎总是囿于传统的理解与认识，甚至是片面的解读，所以面对资本发展的现实时总是不好把握，常常处于一种困惑之中。这些年来，我们一直强调资本的发展作用，强调资本运作，发挥资本市场的基础性作用，我们已经抓住了资本的本质属性。但是让人困惑的是，我们一边这么喜欢资本，一边又总在怀疑资本的出身不好，既爱又恨，更要丑化。这怎么行呢？比如我

---

① 马克思：《资本论》第3卷，第925—926页，人民出版社1953年版。

二 我所理解的资本与资本文明

们究竟如何认识中国日益增长的对外投资呢？中国改革开放三十多年来，经过长期积累，加上贸易出口规模不断攀升，既拉动了国家经济的不断增长，也创造了大量的外汇储备。中国在继续争取外商直接投资的同时，近年来中国企业走出去的步伐也加快了，对外投资的速度出现了快速发展的态势。即使在中国经济"新常态"下，每年保持7%左右的增长率，预计未来10年中国对外投资就将达到1.25万亿美元。2014年中国对外投资就有望达到1200亿美元。所以，德意志银行全球策略师桑杰夫·桑亚尔在今年11月初发布报告称，在中国经常账户盈余呈现长期性庞大状态的驱动下，未来中国的角色将会由"世界工厂"转换成"世界投资人"[1]。也就是说，中国将来会从目前的出口贸易大国向对外投资大国转变。又比如深圳华为公司（目前中国最具全球创造能力与竞争能力的高科技公司）2013财年，实现销售收入2390亿元人民币（约395亿美元），同比增长8.5%，净利润为210亿元人民币（约34.7亿美元），同比增长34.4%，首次超过爱立信公司，成为全球最大的设备商[2]。华为有一个重要特点是，公司

---

[1] 参见晓行：《中国资本时代：从世界工厂到世界投资人》，《第一财经日报》，2014年11月12日。

[2] 参见《华为2013年收入首超爱立信成全球最大设备商》，中国新闻网，2014年3月31日。

主要收入来自全球市场，而不是国内市场；主要利润也来自海外市场，而不是国内用户。这是华为公司实行海外投资、拓展海外市场的积极结果。那么，我们怎么分析和评价华为公司的海外投资、用工、销售、服务和赢利行为呢？面对中国经济社会发展中出现的这种转变与发展，我们还能简单地把这个投资海外的资本理解为传统理论里的那个资本吗？显然需要对资本做出新解释，为资本正名了。

实际上，国内学者早就注意到了这些问题，并提出了自己的基本看法，比如中国社会科学院哲学所刘奔教授就认为，随着我国经济的进一步发展，社会主义现代化建设进程的推进，我们需要关注并克服资本的拜物教特质。一方面，资本具有推进历史发展的作用，它克服了人的自然局限性而创造了文化，体现出资本文明的特征；另一方面，它也造成了人的社会局限性，产生了资本拜物教。例如，经济上的、政治上的和观念上的本末倒置，把本来是手段的东西看作目的，却把人本身贬低为手段等，这些都形成了资本负价值的典型体现。因此，在社会主义现代化建设的过程中，我们一定要注意凸显资本的文明价值、克服资本的弊端，寻求赋予人本身以正价值的健康发展。上海财经大学张雄教授也认为，沿着马克思主义资本哲学的理论路径，分析资本运行过程的规律，研究在社会主义制度下如何利用与制约资本力量，是建

二 我所理解的资本与资本文明

设社会主义市场经济体系的重要理论课题。等等①。

为资本正名的方式方法很多，关键是既要看到资本的"丑恶"，也要看到"资本的文明"。我认为这样还不够，还需要从更深的层面去认识和发掘资本的本质、资本的源头。传统资本概念并没有真正反映人类文明发展全过程。资本应当是文明发展的根本和基础，为人类的发展发挥了决定性作用。所以，资本应当可以解析人类社会发展最本源的问题，而不仅仅是人类社会发展中的一些生产关系、财富关系。抓住了资本，能起到提纲挈领的作用，能更好地理解人类社会发展的基本线索，更好地把握与理解各种复杂的发展关系。基于上面的认识，我所理解的资本不同于以往人们对资本的描述和解释。我们首先要回到资本的中性立场，把资本放到更广阔、更古老、更实际、更能体现资本本质的视域来理解资本、揭示资本，再去分析资本发展中形成的不同属性。这样一来，人们也许会更好地把握资本，运用资本，真正发挥资本在推动人类社会发展、

---

① 参见《充分凸显资本的文明价值——"资本哲学"高级研讨会综述》，人民网，2006年6月5日。比如复旦大学哲学系孙承叔教授也认为：承认资本，是因为资本是社会化大生产最有效的组织者，是一个国家实现现代化的必然要素，这种承认是经济上的承认。制约资本权力，是从社会有机体全面生产的角度，是从以人为本的角度对资本原则的制约，而且这种制约既是为了经济的更好发展，也是为了保证社会有机体的和谐、稳定发展。在社会主义国家中，资本不是唯一最高的原则，它必须服务于人的生存和发展。

进步中的巨大作用。

我认为，资本是一种财富，一种特别的财富，这种财富是能够带来新财富的财富。我们想想，在人类社会最初期，如果原始人从树上摘了两个果子，一个吃掉了，那不叫资本；另一个作为来年的种子，种到地里，长出新的树，结出新的果子，原来那个果子就是资本，是最初始的资本。这个资本有两个决定因素：一是有种子，二是有人的劳动。如果再往前看，人类劳动出现以前，自然长出树木的树种、自然生长的稻子，由于没有人的劳动的参与，那些种子就不是资本。人类劳动出现后才出现了资本，并且随着人类劳动的发展，才先后出现了产品资本、商业资本、货币资本、金融资本。这些不同的资本形态在长期的发展过程中形成了独特的文明，我称之为资本文明，其中就内含了马克思所说的"资本的文明"等基本要素。

进而分析，我认为资本文明的发展可以分为五个阶段：一是早期资本文明，二是古代资本文明，三是近代资本文明，四是现代资本文明，五是当代这个正在发展变化中的资本文明。这五个阶段与传统的社会阶段分析中的社会形态基本上相对应，也就是原始文明、农牧文明、商业文明、工业文明以及正在形成的信息文明。目前信息文明的突出特点是信息化、互联网。传统经济发展分析中的原始经济、奴隶制经济、封建经济、资本主义经济、社会主

二 我所理解的资本与资本文明

义经济等分析，也与资本文明发展的不同阶段基本相对应。这些基本上彼此呼应的对应关系说明了一个什么问题呢？彼此之间存在什么样的联系呢？

当然，上面的划分是我的一种理解方式，并没有按照现成的理论模式来划分资本文明的发展阶段。我想，尽管这样划分和描述资本文明发展形式不同于传统的资本分析与文明断代理论，但有利于我们更好地认识资本与文明二者发展之间的联系，至少让我们更清晰地看到二者之间存在这样一种发展线索或者说逻辑：资本的多重属性及其相应的资本形式是逐渐被发现、被利用的。前面就说过，资本是一种特别的财富，是能够带来新的财富的财富。早期资本文明中，这种"特别的财富"是以产品资本形式出现的，主要是人类的劳动促进了生产方式的改变与进步，出现了原始的物物交换等原始资本文明形式，社会生产相当简陋，只有产品，没有商品；只有简单交换，互通有无，没有交易；人们生活水平相当低下，能够活下去是最基本的需求。

到了古代资本文明，商品资本出现了。随着人类劳动能力的加强，生产方式的改进，出现了商品，形成了商品资本，商品资本也就有了交易的属性，并逐渐成为促进生产与交易的重要方式，并发展成为市场上的交易品。比如春秋战国时期的范蠡，他协助勾践打败吴王夫差，并帮助勾践向北称霸中原后，急流勇退，务农经商，成了中国历史上著名的商人。范蠡从事的就是商品经济，他运用的是商品资本。当年他离开越国后，到齐国从事的是农产品生产与经营。后来，他到了陶后，除了经营农产品还从事多种经营。比如他向鲁国穷士猗顿传授致富经验时就说："你想快速富起来的话，应当去饲养五种牲畜。"为什么要饲养牲畜？当然是到市场上去卖，去市场上卖，自然就成了商品了。贾思勰在《齐民要术》里记载的《养鱼经》传说就是范蠡所作。世界其他地方的情况也相差不大。到后来，商品资本日益发达，在促进生产的同时，也促进了交易的活跃与进步。于是，以资本为基础的商业迅速发展壮大起来，早期资本主义出现了，人们的生产与生活条件取得了巨大的进步。

进入近代资本文明，产业资本形成了。如果从发展过程上看，产业资本是在封建社会末期小生产者的分化和资本原始积累过程中产生的。经过简单协作、工场手工业和机器大工业三个大的发展阶段，资本主义企业的生产技术、劳动过程、市场销售等方面社会化日益提高，逐渐使产业资本支配了整个社会的生产，成为资本主义的经济支柱。特别是这种不断发达的资本促进了工业文明的形成与发展，大工业、大机器化生产把资本主义带入了一个新的发展阶段，也带来了严重的阶级对立与阶级斗争。

二 我所理解的资本与资本文明

到了现代资本文明，货币资本迅速发展起来，这种资本以更加复杂的形式出现并发挥作用。我们知道，货币资本作为产业资本的特殊职能形式，它的循环是产业资本总循环的一个有机组成部分。而且，以货币形式存在的资本，其实早在奴隶社会和封建社会就已经出现了。不过，那时候它只是高利贷资本的存在形式，也是商人资本的一种形式。到了资本主义生产方式下，货币资本才成为产业资本的一种存在形式，并独立成为一种借贷资本，在经济生活中发挥作用。随着资本主义的发展，货币资本逐渐成为推动技术创新与思想变革的重要推手，在推动经济社会取得了空前成功的同时，也使社会陷入严重的贫富矛盾与斗争之中。货币资本的发展不得不使人们思考更多复杂的经济社会问题，从人类精神与经济伦理等层面深入思考这种货币资本的文明价值与意义。

进入二十一世纪，我们更加置身于日益发达的当代资本文明发展进程之中，金融资本更是无所不在。这种资本的雨去云来，加剧了国际间东西方矛盾、南北方矛盾，一国或一个地区之内的矛盾，进而使资本主义和社会主义两大阵营之间的矛盾与斗争更加复杂，甚至更加尖锐，许多原则问题总以国家利益的方式出现，许多方面又以资本为中间物融合起来，国际金融资本得到了迅猛甚至疯狂的发展与变化，人类社会在享用资本好处的同时，也面临着资本带来的困惑甚至灾难。资本主义国家和主要社会主义国家都进入当代资本文明时期，既互相支持，又互相博弈；既谋求合作，又斗争不止。尽管这样，我想说的是，资本发展毕竟是好事，是人类智慧的最好体现。资本越发展，社会发展的速度越快。无视资本、抑制资本、排斥资本、围剿资本，社会发展就会停滞，乃至出现危机。

资本文明的历程已经告诉我们，不能无视资本，也不能放任资本，正确地理解资本，合理地、规范地运用资本，那才是社会发展的福音。如果资本主义能够这样发展自己、规范自己，社会主义也这样重视资本，那么当代资本文明必将开出更加鲜艳的文明花朵。所以，无论选择哪种社会制度，无论资本处于哪种发展形式，人们都应当大胆地追求资本文明。

当然，我所理解的资本与资本文明，既有前人知识的启示，也有资本实践的认识。社会发展最需要用创新的思想去推动。新的想法、新的措施往往可以为我们打开认识世界、创新世界的新窗口。尤其是在中国的发展进程中，无论是技术创新、思想创新还是体制创新，都需要新的突破与发展。我想，只要我们坚持中国特色社会主义理论这个总体原则，把创新思想和创新人才激荡起来、活跃起来，就像华为公司一样，大胆鼓励创新、推广创新，真正成为一个"有思想的地方"，让创新思想和创新行为真正成为中国教育、中国技术、中国思想等方面的旗帜，我们就会更好地应对全球化的挑战，不断取得文明发展的新成就。

三　文明的两大推手：资本与多数人

　　从前面的讨论中，我们已经可以看到，不同时期的人类文明，对应着不同的资本文明。所以，从某种意义上说，资本文明的进程就是人类文明的进程。资本文明有两大推手，一是资本①，二是多数人②。资本是基础，多数人是方向、是目标。两手都要有，都要硬，缺少了哪一个都不行，都不能很好地推动社会文明的发展与进步。二者之间相互作用、相互转化，在很大程度上决定了资本文明的质量好坏、高低程度与发展前景，也决定了人类文明曲折与伟大的进程。

　　所以，认识资本与多数人的关系就非常重要。站在今天的角度回溯二者的关系，就清晰多了。前面我就说过，资本

---

① 这里所说的资本，就是我在前面所定义的资本：资本是一种财富，一种特别的财富，这种财富是能够带来新财富的财富。这个资本定义也涵盖了传统经济学关于资本定义，即能够创造、带来新增价值的价值附着物。

② 这里所说的多数人是泛指以劳动者为主体的社会基本成员，是对人口的大多数、普通劳动者的称呼，其基本意义就像孟子所说的"民"或"人民"。《孟子·尽心下》说："民为贵，社稷次之，君为轻。"又说，"诸侯之宝三：土地、人民、政事。"

三 文明的两大推手：资本与多数人

的本质是中性的，不存在好的资本，也不存在坏的资本，但是掌握资本的人是复杂的，有好人，也有坏人。资本在不同的发展时期，总会被某类人掌握，而且还可能形成某种惯性，产生更大的影响，这也是客观存在的。因为掌握资本的人存在这些复杂性，资本也便有了善、恶的属性。所以，资本是向恶的，还是向善的，就看是恶人掌握了资本，还是善人掌握了资本。比如工业革命以后，欧洲出现了以机械化生产为主要特征的技术进步，大幅度地提高了生产效率，资本的地位和作用更加显现，社会财富迅速得到了巨大发展，甚至巨大膨胀。这时候，一些掌握资本的人为了攫取更加巨大的利益，就把资本拉向恶的方向，资本表现出为少数人获利的特征。人们看到财富往往与资本联系在一起，与掌握了资本的人在一起，往往参与对劳动者的剥夺过程，对贫困的鄙视。这就把资本恶人化了，让资本带上了恶人的特征。比如英国早期资本主义时期出现的"羊吃人运动"，就是资本向恶的方向发展的典型社会现象。

这种现象反映了资本与多数人，还有少数人之间的利益关系，而且在人类发展长河中总是以不同的形式、不同程度出现，往往又是少数人更多地掌握了资本，让资本创造的财富更多地落到了少数人手里。社会贫富程度严重分化，少部分人奢侈荣华，多数人贫穷潦倒。结果是，资本发展了，社会发展了，但不一定是多数人享有了财富，不

让资本走向共享

一定让多数人生活水平提高了，让多数人满意了。好在人类是警觉的，是聪明的，一旦发现资本脱离了多数人，与少数人结合在一起的状态，就会用一种新的社会方式去切换现实，改变资本与人的关系，把资本的属性从恶的一面拉向善的一面，把资本的好处以新的社会方式更多地拉向多数人，以此不断推动人类社会向前发展。

谈到资本对社会的各种影响，特别是讨论资本与财富、资本与人性、财富与分配关系的时候，人们往往会联系到宗教，或者说从宗教角度来谈论世俗问题，包括佛教、道教和儒家思想，还有基督教、伊斯兰教等，比如马克斯·韦伯为此而撰写了《新教伦理与资本主义精神》。我认为，所有宗教都是肯定创造财富，肯定资本作用的；同时宗教无一例外地都重视财产与多数人或者说资本与多数人的关系，主张创造财富为多数人服务，而不应当被少数人所享用。2007年我就在拙著《资本精神》[①] 一书中具

[①] 参见拙著《资本精神》，2007年中国社会科学出版社出版。在《资本精神》一书中，我把"资本"与"精神"融合到一起，提出了"资本精神"这个新概念。从哲学角度来说，资本精神是一个新范畴，一个专门用于分析市场经济条件下企业成长所需要的精神、思想基础的概念。资本精神特指资本形成、发展过程中的各种行为动机和这些动机背后的道德精神。具体而言，这种道德精神蕴藏着丰富的思想内容，包括资本形成、增长所必需的对于财富的渴望和对效率的追求；为增长而积累的动机；专注和持久的职业精神；理性与节俭的生活方式；诚实守信的商业自觉；财富属于社会也应当用于社会的思想，等等。而从本质意义上讲，资本精神就是发展的愿望，因为资本就是增长，就是发展。

三 文明的两大推手：资本与多数人

体分析了《圣经》中的两个故事，阐述了这种理解与认识。其中一个是《圣经》中的《马太福音》。故事是这样的：一天，上帝要出门了，叫了三个仆人，一个给了五千块钱，一个给了二千块钱，一个给了一千块钱。上帝回来了以后，要汇报了，给了五千块钱的人说，他赚了五千块钱，一共一万块钱，很诚实地交给了上帝；给了二千的人说，他赚了二千，一共四千给了上帝；唯独给了一千块钱的人说：上帝您走了以后，我把这个钱埋在地下，还是一千块钱。他也诚实地把一千块钱交还给了上帝。上帝对第三个仆人说：你不知道我的钱不够吗？我要行善天下。上帝就把第三个仆人的钱交给了第一个仆人。上帝是要钱的，而且是最精明的："凡有的还要加给他，叫他有余，没有的，连他所有的也要夺过来，把这无用的仆人丢在外面的黑暗里，在那里并要哀哭切齿了。"显然，这个被称为经济学上的所谓"马太效应"，其实并不是一个产品分配的问题，而是一个资源配置的问题，强调的是把资源优先配置给最有效率的财富创造者，而且创造财富是为了为更多人服务。还有一个故事是《圣经》里的那个关于"骆驼穿过针眼"的故事：有一个青年财主跟耶稣说，你怎么不带我进天国啊。耶稣说你把你所有的财产全都卖了，分给穷人，你跟着我走吧。这个财主觉得自己好不容易挣那么多钱，心里不免犹犹豫豫。于是，耶稣就告诉门徒说：

这个财主啊，他想进天国比骆驼穿过针眼儿还难！这两个故事说明了什么样的道理呢？我认为，"马太效应"和"骆驼穿过针眼"都明确地告诉我们这样一个道理：人们在创造财富、处置财富的过程中，一定要正确处理好人与上帝的关系、上帝与财富的关系、人与财富的关系，以及人怎么处置财富的问题。我还从中看到了人们应当如何鼓励创造财富、如何处置财富的动机与目标的问题。

所以我认为，人类社会发展到现在，无论用什么样的思想，无论选择怎样的发展道路，都主要是围绕下面两对重要范畴在运动：

一对范畴是多数人与少数人。这涉及社会制度选择与社会目标设计等原则问题，与民粹主义的多数人有本质区别。我们的学者中，特别是政治家、经济学家中有的认为应该为多数人服务；也有些人认为要为少数人服务，虽然没明说，但确实是有的。当然，放下意识形态所表达的本质特征不说，无论为多数人说话，还是为少数人说话，都不能被禁止。事实上，在一定的社会条件下，有时候多数人会得到更大的利益，有时候少数人会得到更大的利益，需要我们充分地分析与把握。比如早期资本主义，利用资本更多地压迫产业工人，一方面是少数人手里的财富迅速增长，一方面却是不断加深多数人的贫困；到了二十世纪后期，资本主义迫于政治、经济、社会、文化等方面的综

三 文明的两大推手：资本与多数人

合压力，逐步调整了制度设计，以不同的方式改善多数人的工作条件，提高多数人的生活水平，出现了所谓的"福利资本主义"[①] 形式。不管怎么去定性，客观上是有利于多数人的。所以，当代资本主义并没有灭亡，虽然内外矛盾重重，却还是保持了有力的生命力。比如奥巴马竞选美国总统时承诺选民，要提高就业率，提高国民福利，要改革医疗保障制度等，本质上就是往多数人发展。而社会主义从二十世纪初出现时，就是以多数人为目标，为多数人服务的。马克思年轻的时候就明确地表达了自己的这种人生追求与社会理想，他说："历史承认那些为共同目标劳动因而自己变得高尚的人是伟大人物；经验赞美那些为大多数人带来幸福的人是最幸福的人。"同时又说，"如果我们选择了最能为人类福利而劳动的职业，那么重担就不能把我们压倒，因为这是为大家而献身；那时我们所感到的就不是可怜的、有限的、自私的乐趣，我们的幸福将属于千百万人，我们的事业将默默地但是永恒发挥作用地存在

[①] 所谓"福利资本主义"就是"福利国家"。关于"福利国家"的定义目前有两种：一种是狭义的观点，就是把福利国家理解为传统的社会改良政策领域，即收入转移和社会服务，有时或提及住房政策；广义的观点则是从政治经济学角度，从国家在管理和组织经济方面的角色去定义，从而将就业、工资和整个宏观经济调控等都看作是福利国家密不可分的组成部分，即"凯恩斯式的福利国家"或称为"福利资本主义"。一般教科书上给"福利国家"的定义是：国家对于公民的一些基本的、最低限度的福利负有保障责任。

下去，而面对我们的骨灰，高尚的人们将洒下热泪。"① 显然，在马克思眼里，一个人只有选择为人类服务的职业，只有为人类最大多数人的幸福而工作，才是高尚的人，才能得到真正的幸福，才有不可摧毁的精神力量。习近平主席在国庆 65 周年招待会的讲话上谈到"面向未来"的八个"必须坚持"中，第一个就是"必须坚持同人民在一起"。他说："面向未来，我们必须坚持同人民在一起。人民是历史的创造者。我们要紧紧依靠人民，充分发挥人民主体作用，尊重人民首创精神，为了人民干事创业，依靠人民干事创业。我们要坚持'以百姓心为心'，倾听人民心声，汲取人民智慧，始终把实现好、维护好、发展好最广大人民根本利益作为一切工作的出发点和落脚点，让发展成果更多更公平惠及全体人民。"② 这让我们清楚地看到，社会主义始终坚持的是多数人主义，是多数人的福祉，无论过去、现在还是将来，为绝大多数人谋福利是社会主义的根本目的与追求。

另一对范畴就是公平与效率。一般的情况是，一个社会可能效率高一点，公平就差一点；公平程度好一点，效

---

① 马克思：《青年在选择职业时的考虑》，《马克思恩格斯全集》第 40 卷第 7 页，人民出版社 1972 年版。
② 习近平：《在庆祝中华人民共和国成立 65 周年招待会上的讲话》，人民网，2014 年 10 月 1 日。

三 文明的两大推手：资本与多数人

率可能就不那么高。公平与效率总是一种矛盾。要在协调之中发展，需要相应的制度体系与之配合或保障，维护公平与效率在一种动态平衡中推动经济社会发展。我觉得，在人类社会的历史发展中，这两个范畴一直存在，并将长期存在下去。从新中国六十多年来的社会情况看，毛泽东时代可能是公平多一点，大家生活都差不多，工资差不多，房子也差不多，但是都感到没有吃饱，因为生产效率太低。中国是社会主义，社会主义就应该是多数人主义。这种多数人主义应当是在公平效率、民主与法制基础上的多数人主义。这才是我们需要的社会主义。如果只讲多数人主义，不讲效率，也没有法制，没有民主，这肯定不是一个好社会主义，这样的社会主义必须改变。所以，到了邓小平时代，他说让一部分人先富起来。许多人记住了这句话，却不知道他还讲了第二句话，就是要先富起来的人以后要帮助大家共同致富。问题是共同致富的目标还没有实现，一部分人先富起来以后有的就赌博去了，有的跑到国外去了，还有的在监狱里坐牢。当然，也有一部分人现在希望加入慈善事业中来，希望更好地发展企业。2012年底以来，我们觉得习近平主席要做的事业，就是要在毛泽东的公平主义、多数人主义的基础上，实现好的发展效率。同时，又要在邓小平坚持共同致富目标的基础上，真正实现让多数人共同享有公平的、以民主和法制为前提的社会财富，真正实现全体人民的"共同享有"。我想，这是中国社会主义发展的本质要求，既肯定现代资本，又坚持多数人主义，真正体现了当今世界经济社会发展的共享趋势与要求。

所以，我们可以得到这样一个结论：社会越发展，资本就会越发达；资本越发达，越要为多数人服务；资本越为多数人服务，社会才越会走向更高级的文明。我们回过头去看看资本文明的不同阶段与社会发展的不同阶段，彼此的特点有许多对应性。所以，资本与多数人之间的这个逻辑关系是成立的，这个逻辑关系揭示了资本文明从低级向高级发展的过程，也显示了社会不断发展的历史进程。总之，把握了资本和多数人原则，也就把握了文明发展的根本与方向。

四　全球大趋势：资本正在走向共享

正是在不同社会制度下，资本与多数人作为社会发展的两大原则，在长期的相互博弈乃至相互斗争过程中，逐渐形成了一种让资本走向共享的全球大趋势①。这是我对

---

① 比如，2003年11月初，30多个国家和地区的政要共同签署的《世界经济发展宣言》就是一个很好的全球共享宣言。《世界经济发展宣言》的主旨之一为共享资源。这是一个古老的命题，更是一个人类不可回避的自我挑战。对于人类以往各个时代的多数人而言，共享资源仅仅是一种理想，一种愿望，有时是一种目标。对资源的利用、控制、争夺，乃至享用资格的转换，贯穿了整个人类文明的发展史。直到今天，对于占全球人口总量四分之五的发展中国家而言，共享资源还仍然是一种理想。一个国家的资源能否被最广大的国民所共享，取决于这个国家的法律、制度及政治变革者的智慧。资源分配的失衡，足以导致国家的动荡和毁灭。两个国家之间的资源共享，取决于这两个国家能否找到互补的需求、发展的共识及共同的利益。强加于人的要求，足以导致国家关系的破裂和战争。在各国之间实现全球资源的共享，取决于各国能否建立一个相互对话的机制、达成彼此尊重的原则，以及最终实现共同繁荣的利益框架和解决方案。对话、共识和资源共享机制的长期缺失，足以威胁全球和平与发展。参见胡援东：《努力实现全球资源共享》，《人民日报》，2003年10月20日。

当今世界资本发展现实的一个基本的判断。

　　首先，我们看到的是，当代国际经济发展过程尽管风云变幻，跌宕起伏，但已经出现了明显的共享意识和共享追求。至少可以说已经出现了强烈的共同应对危机、寻找发展措施的趋势。最突出的表现是，2008年11月世界金融危机刚刚爆发，西方二十国集团领导人就在华盛顿举行金融市场和世界经济峰会。从实际情况来看，各国领导人齐聚一堂，群策群力，这种共同应对的氛围就有寻找共同举措的目的，特别是大国之间共商、共对、共享的思想，安定了许多人的危机心理。虽然这是为了处理经济危机，处理资本发展过程中出现的重大问题，没有涉及资本所创造的财富的分配问题，但这个趋势无疑是积极的。再看看二十世纪三十年代，当年世界经济危机爆发的时候，许多国家的领导人，囿于国家经济学的狭小视野，所采取的一系列措施都以邻为壑，不但没有缓解世界经济危机，反而加剧了危机的程度，资本主义世界一时出现了全面萧条的衰落局面。经济上出现的问题自然与资本有关，在资本全球化的进程中，如何对待资本及其产生的作用与影响，已经不仅仅是一个国家的经济事务，往往与世界经济联系在一起。任何一个国家经济发展需要独立，特别是一个国家的经济政治是一个国家的内政，但处理全球经济问题，无疑就需要共享精神了。一国的资本既可以为本国的经济、

四　全球大趋势：资本正在走向共享

文化发展服务，也可以为他国的经济、文化发展服务。我想，这也是当代国际经济合作组织日益活跃的一个重要原因①。国际经济合作组织比如金砖国家领导人非正式会晤所讨论经济问题的时候，哪一个离开了如何对待资本及资本合作的问题呢？一个也没有。即使是世界政治合作组织，其背后也是经济的动因与构成要素。

还有一个重要现象是，当代国际政治也日益呈现出走向共享的追求与趋势。正如习近平主席在2014年11月9日出席2014年亚太经合组织（APEC）工商领导人峰会所作的主旨演讲中所说的那样："时代需要大格局，大格局需要大智慧。亚太发展前景取决于今天的决断和行动。我们有责任为本地区人民创造和实现亚太梦想。这个梦想就

---

① 据新华网报道：2014年11月15日，金砖国家领导人非正式会晤15日在布里斯班举行，中国国家主席习近平、巴西总统罗塞夫、俄罗斯总统普京、印度总理莫迪、南非总统祖马出席。五国领导人就金砖国家合作以及重大国际和地区问题深入交换意见，取得高度共识。习近平在讲话中指出，经济合作是推动金砖国家发展的持久动力，我们要本着开放、包容、合作、共赢的金砖国家精神，继续致力于建设一体化大市场、金融大流通、基础设施互联互通、人文大交流，制定经济合作长期规划，建立更紧密的经济伙伴关系。建立金砖国家开发银行和应急储备安排是件大事，要抓紧落实。金砖国家合作要做到政治和经济"双轮"驱动，既做世界经济动力引擎，又做国际和平之盾，深化在国际政治和安全领域的协调和合作，捍卫国际公平正义。习近平强调，金砖国家要积极参与国际多边合作，提高在全球经济治理中的话语权。我们要在即将举行的二十国集团布里斯班峰会上加强协调合作，推动会议取得积极成果，致力于建设开放型世界经济，落实国际货币基金组织改革方案，推动解决全球发展问题。新华网，2014年11月15日。

让资本走向共享

是坚持亚太大家庭精神和命运共同体意识，顺应和平、发展、合作、共赢的时代潮流，共同致力于亚太繁荣进步；就是继续引领世界发展大势，为人类福祉做出更大贡献；就是让经济更有活力、贸易更加自由、投资更加便利、道路更加畅顺，人与人交往更加密切；就是让人民过上更加安宁、富足的生活，让孩子们成长得更好，工作得更好，生活得更好。我们要为实现这一目标做出更大的努力。"① 显然，习近平主席倡导创造和实现的"亚太梦"是建立在越来越强大的经济基础之上的共享梦。"经济更有活力、贸易更加自由、投资更加便利、道路更加畅顺"，就是资本的作用与价值，而"让人民过上更加安宁、富足的生活，让孩子们成长得更好，工作得更好，生活得更好"当然是共享的主要内容或者说是共享的基本要素了。

还有一件事让我想到了全球政治的共享趋势。2014年11月13日，国务院总理李克强在东亚峰会、东亚合作领导人系列会议上的三场发言中都提出了一个实在的"中国方案"。这个"中国方案"涵盖多个领域，内容厚实。比如在政治安全领域，李克强总理在发言中指出，东亚的长治久安需要有坚实的制度安排，中国正与东盟国家商讨签署"睦邻友好合作条约"。路透社引述李克强总理的表态

---

① 参阅《习近平：有责任创造实现亚太梦》，中国网，2014年11月9日。

四 全球大趋势：资本正在走向共享

称："中国愿意成为首个与东盟签署友好合作条约的对话伙伴。"其中还有一个生动的细节是，在东亚合作领导人系列会议的三次发言中，无论是面对东盟各国领导人、东盟与日韩领导人，还是东亚峰会上的各国领导人，李克强总理始终称呼他们为"各位同事"①。这里的政治意义是什么呢？我认为，这不仅显示了中国外交上的一种日益明确的自我期许：外交最重要的内核之一是规则，大家坐在一个会场内，共同商讨、构建规则，而且，正是从这个意义上说，各国领导人才成为"同事"。同时，我也从中看到了世界政治、经济、文化等日益走向共商、共对、共享的时代大趋势。

如果上面所说的国际大资本表现出走向共享的大趋势，那么一个人、一家企业特别是私营资本能够走向共享吗？讨论这个问题，我想我们首先要明白一点：资本走向共享，从本质上说就是资本创造的财富走向共享，而且应当是多数人共享，不能是少数人更多地享用。所以，很多人都会有这样的疑问：资本有可能走向共享吗？一般人都认为，资本总是与个人的物质期望联系在一起的。让这样一个总是与自己联系在一起的东西走向共享，谈何容易啊？反观历史与现实，我认为，从主体行为角度上看，资

---

① 参见《李克强为何称呼各国领导人"同事"》，《新京报》，2014 年 11 月 15 日。

让资本走向共享

本走向共享是可能的,也是实在的,更是现实的;而从主体性质上看,还可以分为主动的共享与被动的共享。主动来自于主体的道德责任与义务,被动则主要来自于制度、规则以及社会等方面的要求与规范。

最能反映这种资本走向共享大趋势的是全球慈善领域所呈现的特征,并且往往表现为主动的共享方式。比如美国的洛克菲勒家族,这是世界上最有财富的家族之一。这个家族的第一代创业者——美国"石油大亨"老约翰·D.洛克菲勒在19世纪后期和20世纪的头几十年里通过石油产业积聚了大量的财富,并在1913年注册创立了洛克菲勒基金会,随即开始了他们在全球医疗卫生、农业、自然科学等领域的慈善资助活动,逐渐发展成为美国现代慈善基金会最杰出的代表。一百年后的2014年5月,洛克菲勒基金会理事长Judith Rodin接受采访时强调:"今天,洛克菲勒基金会着眼于二十一世纪产生的新问题,在全世界范围内推行弹性的、平等的增长发展。用洛克菲勒基金会自己的话来说,就是着眼于四个方面:生态系统、促进人类健康、保障民生和城市改造。其中,生态系统可以算是本世纪最为关键的问题。"[①]洛克菲勒基金会这种慈善行为不就是让更多的人共享财富

[①] 参见环球网:《洛克菲勒基金会理事长:百年慈善事业的启发》,2014年5月14日。

四 全球大趋势：资本正在走向共享

吗？我认为，这就是典型的主动共享选择与共享行动。美国还有梅琳达和比尔·盖茨夫妇也是主动共享的典型代表。1993年，比尔·盖茨夫妇在海滩上散步时做出了一个重大的决定，他们要把自己在微软公司挣得的财富回报给社会。2006年6月15日，比尔·盖茨宣布，他将在两年内淡出微软公司日常事务，以便把主要精力集中在卫生及教育慈善事业上。6月25日，世界第二富翁巴菲特宣布将自己的市值370亿美元资产捐给比尔与梅琳达·盖茨慈善基金会。2008年6月27日盖茨离开微软公司，并把580亿美元个人财产尽数捐到比尔与梅琳达·盖茨基金会。目前比尔与梅琳达·盖茨基金会是全球最大的慈善基金会之一。盖茨夫妇表现出来的就是一种共享精神，我曾经把他们这种高尚的处置财富的行为叫作"比尔·盖茨式革命"[①]，拥有财富特别是拥有巨额财富的人要有一种"自我革命"的精神，把钱拿出来，也就是把财富捐赠出来帮助

[①] 参见拙著《走向共享》，北京大学出版社2013年9月版。我认为，如果富人要体现资本精神，很重要的一件事就是去做慈善。慈善是一种富人的"革命"。我把革命分成两种：一种是"阿Q式"的革命，那是穷人革命，这个革命是革他人的命，是一种要钱不要命的革命，常常会遭到赵老爷、钱老爷的坚决反对，这种革命的结果一定是"共产"；另一种革命是富人革命，是一种打引号的革命，我把它叫作"比尔·盖茨式"的革命，这种革命是革自己的命，某种程度上是要命不要钱，把钱拿出去交给社会，这种革命的结果就是"共享"。"不共享就可能被共产"，以慈善方式实现共享就成了企业家和富人们的必然选择。

让资本走向共享

那些更需要帮助的人，不仅能够温暖这个世界，还将引导社会向善发展，走向共享的"大同"目标。

中国也不乏主动共享的人。比如春秋战国时期的陶朱公，也就是范蠡，他戮力垦荒耕作，兼营副业，又会经商，没有几年，就积累了数千万家产，但他仗义疏财，施善家乡，曾经三次散尽家财，救济贫苦的人。历史学家司马迁称赞说："范蠡三迁，皆有荣名。"老百姓赞誉他"忠以为国，智以保身，商以致富，成名天下"。可见，一个行善的人在人们心目中的地位是多么高尚。当代的蒙牛创始人牛根生先生，十多年前就创立了老牛基金会。牛先生有个理念说："从无到有，满足个人，是小快乐；从有到无，回馈社会，是大快乐。"从2005年1月开始，牛先生携家人陆续捐赠了他们持有蒙牛乳业的全部股份及部分红利。企业家捐出全部股份的，牛先生在全球是首例，所以被誉为"全球捐股第一人"。截至2013年，牛先生累计捐赠资产价值超过45亿元。2012年5月，我在华民慈善基金会[①]成立四周年座谈会说过，在政策条件允许的情况下，

[①] 华民慈善基金会成立于2008年，是经国务院批准，在国家民间组织管理局注册，由民政部主管的全国性非公募慈善基金会。原始出资人是我、李光荣先生及特华投资控股有限公司。华民慈善基金会的项目设置，主要分布在五个领域：一是资助老年机构建设及老年福利服务项目；二是支持教育事业；三是支持残疾人事业；四是资助公益慈善与社会发展理论研究；五是理事会。

四 全球大趋势：资本正在走向共享

我承诺将向社会捐赠100亿元。这没错，但那不是我一个人捐的，而是我和几个朋友要共同完成的目标，也是我们一定要做到的目标。2014年年初，华民慈善基金会与深圳郑卫宁慈善基金会就残疾人特别是重残人员的就业援助展开合作，并把援助残疾人就业明确为华民慈善基金会五大慈善项目领域之一，在直接援助残疾人就业项目如喀什残友项目、海南残友项目、深圳残友项目、银川残友项目、湖南残友项目（筹建）等的同时，合作建设深圳"共享大厦"项目，一个重要的原因就是郑卫宁慈善基金会与华民慈善基金会有一个共同的目标，那就是追求改变残疾人生存方式、提升残疾人生活质量、"让残疾人与健全人共享"的理念与方式。今天又说到这些事，是想说明，每一个人都有向善的动机。有这个自觉的动机存在，就可能让资本主动走向共享。

再看看被动的共享方式。这种方式是一种强制性剥夺或者重新分配财富拥有者的财富，主要来自外在的压力，比如法律、制度的限制与制约，虽然不情愿，甚至反抗，但最终都必须接受这样的被动结果或制度安排。从历史上看，至少有三种具体的方式：第一种方式是，因革命而发生的共产，比如法国的大革命、俄国的十月革命、中国的辛亥革命和新民主主义革命等，这些革命都是合情合理的，革命的结果就是共产，就走向共享。第二种方式是，家族代际传承中出现的家族兴衰变化，导致家族财富的再分配。如果从家族特征上看，可以分为政治家族、文化家族、经济家族、思想家族等。其中，文化家族的延续时间最长，比文化家族更长的是思想家族。政治家族在封建时代，可能会延续二三百年，或许更长一些。现代社会里，政治家族就可能贵不过几代了。经济家族延续时间可能最短，中国从古至今一般规律就是"富不过三代"。如果没有新的机制，经济家族就无法摆脱这种规律。这种规律导致的结果就是，这些经济家族的财富往往被动地共享了。第三种方式是，因社会经济制度设置而发生的财富重新分配，比如税收制度，特别是遗产税制度、高消费税等，还有福利国家的政策等，都可以把社会财富引向共享的道路。从本质上说，这些推动资本走向共享的方式都不是主动所为，而是被动的结果，甚至是强制性的结果，比如有关法律、制度等，被共享的人或许不愿意这样做，但又必须接受这样的共享方式与结果。社会发展中的强制性政治、经济措施在这里发挥了决定性作用。

不过，值得我们深思的是，进入二十一世纪以后，现代社会发展机制日益完善，现代文明日益影响甚至决定人们的思想与行为选择。就被动的共享方式来说，用革命的方式实现共产乃至共享的方式，将会越来越慎用、越来越受到社会自觉的限制或抵制，甚至放弃；家族传递中发生

四 全球大趋势：资本正在走向共享

的财富再分配现象，则是不可避免的，还可能逐渐增多，成为一种社会生活的"常态"；用社会制度来调整社会财富分配方式，将日益成熟，而且将成为世界各国经济社会发展的主要思想方向与政策选择。比如欧洲、北美等国家很早就针对最高收入者实行累进税制。1930 年到 1980 年，美国对年收入超过 100 万美元的高收入群体征收 82% 的所得税。欧洲、北美等国家的税收实践证明，如果财富不平等超过了一定限度，对收入和财产实行资本累进税无疑是一个很好的方法，而且这样做不会对经济增长带来负面影响。中国改革开放三十多年来，随着经济快速发展，个人所拥有的财富增长相当快，并且形成了庞大的富裕群体，贫富差距持续扩大。在这种情况下，研究征收收入和财产累进税的政策与方式就变得日益必要了。我想，这种制度设置虽然属于被动性共享方式，但不仅有利于全社会逐步达成财富分配平衡的共识，更有利于和谐社会建设，让全社会成员共享发展的成果。

分析至此，我们可以清楚地看到这样一个事实：无论主动还是被动，资本是能够走向共享的，而且资本走向共享是必然的。同时，这也是人类社会发展的一个共同目标。我们如果把这个认识放到人类社会发展的历史长河来看，可以对上述内容做一个概括。那就是说，资本与多数人才是人类社会发展的基本变量。让资本创造的财富为多数人服务一直是人类社会的基本诉求。这种诉求就是资本精神。资本精神发展到二十一世纪的今天,已经形成一种重要的趋势与方向,那就是让资本走向共享。资本可以走向共享,也必须走向共享,这才是全人类及其文明发展的共同追求。

五　回归文明的动力：资本精神与共享思想

如果上面的讨论，只是让我们从表面上看到了资本走向共享的大趋势，那么深入地分析，我们就会逐渐看到本质的东西。那就是说，人类发展到当代，无论东方还是西方，社会文明中出现的重重困境与问题，尽管原因很多也很复杂，但根本的原因还在于我们没有很好地认识和把握资本和多数人，更没有回归到资本和多数人背后的东西，也就是没有回归到文明的灵魂。文明的灵魂有多种分析与归纳。我认为，文明的灵魂分别是资本和多数人背后的东西：一个是资本精神，另一个是共享思想。

我之所以说是"回归"，而不说是寻找、探索，那是因为人类社会发展过程中，早就有了资本和多数人原则，也早就有了资本精神和共享思想。从发生学上看，有了资本也就有了资本精神。共享思想则是人类文明进步的第一个重要标志。人类如果没有共享的思想与共享的行为，就不可能发展下去,也不可能有人类的今天。我们必须思考的是,人类文明进步中的这两个"灵魂",尽管一直就那么存在与发展着,甚至隐含在人类的思想与行为中,实际上人们常常迷失了这两个"灵魂",忘记了这两个"灵魂"。文明有灵魂却又无视灵魂的存在,人类能够正常地发展吗?显然不能。所以,我们必须坚守这两个"灵魂",如果迷失了就赶紧去找回来。当下世界,记住了这两个"灵魂"的人并不多,但是看到了问题的人越来越多,回归文明灵魂的趋势相当明显。我们看到,无论东方还是西方,越来越多的人已经走上回归资本精神和共享思想的道路了。

那么,什么是资本精神呢?这是我讲了7年的一个重要概念,还专门写了一本书,就叫《资本精神》。我认为,资本精神就是资本形成、发展过程中具有终极关怀的内在动力及其背后的道德精神。资本本身是一个物理概念,没有情感,没有价值观,但是资本有了人的因素,比如人的劳动参与资本、赋予资本价值判断之后,特别是赋予了终极关怀的道德力量之后,也就有了资本精神这个新概念了。资本精神是一个古老的范畴,只是我们没有早发现、早提炼出来而已。其实,世界各种文化,无论是儒家文化、各种宗教文化,还是古希腊文化、古印度文化,从中都可以看到资本精神闪烁的光芒。为了更加清晰地表述资

五　回归文明的动力：资本精神与共享思想

本精神的内涵，我借鉴了清教徒的"三个拼命"来传达，用最直白的话表达出来就是：拼命地挣钱，拼命地省钱，拼命地为神圣事业而花钱。资本精神不仅仅是那些掌握了财富、掌握了资本的人的精神，更是一种所有参与资本运动的全民的精神，是所有人的精神。同时，资本精神还包括为什么目的去创造财富和为什么目的使用财富两个方面。我们为什么要挣钱？挣钱当然是为了花钱，而具体为了什么目的去挣钱，性质就不太一样，方式与办法也会不一样，情感不一样，挣多挣少也会不一样。所以，资本精神又有了两个方面的作用：一是发展的动力，因为资本具有发展的本能，资本就是发展，资本是推动经济社会发展的重要手段和工具；二是平衡的机制，引导人们追求社会公平正义、追求和谐与进步、繁荣与发展。这好比在高速公路上驾车，如果没有好的发动机，汽车就跑不远，甚至跑不起；如果汽车没有好的刹车装置，就很可能会出问题，甚至可能翻车。资本精神就是经济社会发展的发动机和刹车装置。所以，资本精神作为发展的动力和平衡的机制，其作用是客观存在的。

那么，什么是共享思想呢？2012年8月，我在认真分析经济社会历史的基础上，特别是通过在资本精神体系下思考未来，第一次提出了当今社会的"共享"问题。两年多来，我从"慈善就是共享"讲到"超越左右，追求共享",再到"走向共享"和今天讲的"让资本走向共享",都是围绕共享这个主题展开的。我认为,共享是人与人、人与社会、人与自然之间的一种共生、共发展的关系。共享思想就有关于这些关系的系统思考与研究。传统的共享思想古已有之,无论是中国春秋时期的孔子提出的"大同"理想[①],还是近代革命先驱孙中山倡导的"大同",还是古希腊时期柏拉图提出的"理想国"和马克思的"共产主义"等,都是典型的共享思想,或者说是人类共享理想的雏形。历史发展到现在,无论是物质生活还是精神生活都发生了巨大的变化,当代共享思想自然超越了许多传统观念,并赋予了现代的希望与追求。那么,我们今天应当怎样把握共享思想呢?我认为,关键是要好好把握五个方面:

第一,共享思想是资本精神的升华与发展。自然界出现了资本,也就出现了资本精神。共享思想则是到了文明社会才出现的伟大思想,而且体现了资本精神所内含的发展动力与平衡作用。可以说,资本精神是基础,没有资本精神,就不会有后来的共享思想;共享思想是资本精神的延续与发展。有了共享思想,资本精神更显示出巨大的创

[①] 从传世的典籍上知道,春秋以前,"和"与"同"两者分说,孔子提出"和而不同"(参见《论语·子路》),进而追求"大同"的理想,构成了中华民族追求和谐发展的重要传统价值理念。

五 回归文明的动力：资本精神与共享思想

造价值。如果没有资本就不可能创造更多的财富，没有资本精神也不可能激励人们更好地创造财富、合理地处置财富，也就不可能促进和丰富共享思想与共享内容。我想，正是精神价值的这种超越与发展，成为人类社会进步的重要动力，一定会让人们进一步认识资本精神和共享思想的作用与意义，为不断推进资本精神和共享思想而奋斗。

第二，共享是需要基础的，既需要物质基础，也需要制度基础。怎么建设共享的两大基础呢？我认为还是前面讲到的那两大推手：资本与多数人。资本关系到物质基础，多数人关系到制度建设。所以我在前面就清楚地说道，这两大推手哪个都不能少，少了哪一个，就摘不到果子，就跛脚了，就跑不起来了，更谈不上健康发展了。我们只有正确地认识资本、把握资本，才有可能创造更加丰富的物质财富；只有明确了多数人原则，才会有和谐的发展环境，才有利于更好地运用资本，让资本更好地造福于人类。如果不能让资本更好地创造财富，即使有多数人制度作保障，也可能不会让多数人过上好的生活；如果有激发资本创造财富的机制，却没有多数人的目标，也不会成为一个好的社会。所以，任何时候，正确处理资本与多数人之间的关系都非常重要，并且在一定程度上可以决定社会的发展方向与状态。无论资本主义发展史还是社会主义发展史都清晰地说明了这一点。资本主义首先抓住的就是资本，它的发生与发展都得益于资本，没有资本也就没有资本主义，资本与资本主义存在着天然的联系。资本主义高度重视资本与运用资本，也就是看重了市场，运用了市场。资本与市场结合起来以后，进一步激活了创新，经济发展快了，社会财富也就迅速地增长起来了。但是，资本主义有一个天然的缺陷，就是没有建立多数人原则，没有树立多数人的价值目标。所以，资本主义尽管看到了资本的好处，重视资本，由于没有把资本与多数人联系在一起，从二十世纪九十年代开始问题就多了，经济发展放慢了，各种社会问题出现了，从而不得不调整资本与多数人的关系。社会主义从产生的时候就高举多数人主义，以绝大多数人的利益为目标。这是社会主义的本质特征之一，是社会主义的基本基因，也是制度优势所在。但是，社会主义在以往的发展过程中，往往没有客观地认识资本，没有正确地对待资本，更没有肯定资本对社会创新、财富创造的价值和意义，反而把资本完全否定了。只看到了资本"每个毛孔都滴着血和肮脏的东西"，没有看到"资本的文明"，总是把资本当作落水狗来打，还痛打落水狗。这样一来，问题就大了。传统社会主义在客观上否定了资本，其实就是否定了创造财富的一个根本动力，社会也就失去了创造的活力。这样的社会主义只会是贫穷的社会主义，是落后的社会主义，是绝大多数人不需要的社会主义。之

五 回归文明的动力：资本精神与共享思想

所以出现这样复杂的情况，主要是因为无产阶级并不是首先在最先进的资本主义国家建立起的社会主义政权，这样的社会主义自然没有很好地认识资本、理解资本，并且运用资本发展经济了。恩格斯在《共产主义原理》中曾经说："共产主义革命将不是仅仅一个国家的革命，而是将在一切国家里，至少在英国、美国、法国、德国同时发生的革命。在这些国家的每一个国家中，共产主义革命发展得较快或较慢，要看这个国家是否工业较发达，财富积累较多，以及生产力较高而定。"[①] 也就是说，马克思、恩格斯所设计的社会主义是首先"在最先进的资本主义国家"建立起来的新政权，由于"工业较发达，财富积累较多，以及生产力较高"，当然掌握了资本的规律了。事实上，社会主义却是首先在资本主义不发达，甚至没有经历过资本主义的、生产力比较落后的国家首先取得了成功，比如苏联、中国等。加上传统社会主义理论对资本的片面认识，更加剧了对资本的批判与打击，资本不但没有成为发展经济的基础，反而成了被限制、被扭曲的对象。对此，20世纪70年代末中国的社会主义就开始警醒了，开始纠正偏差和问题了，开始重新认识资本、运用资本了。到九

---

① 恩格斯：《共产主义原理》，《马克思恩格斯选集》第1卷，人民出版社1972年版。

十年代进一步把资本与市场结合起来,创造了经济持续高速增长的奇迹。所以,仅仅有资本,没有多数人主义,那是不行的,是没有前途的;仅仅有多数人主义,而否定资本,"割掉"资本,也是不行的,也不会有什么好的前途。资本是人类的文明成果,不姓"资",也不姓"社"。资本既可以为资本主义服务,同样可以为社会主义服务。社会主义拥有多数人的目标,一旦重视资本、运用资本,社会主义制度优势也就整体发挥出来了,社会主义就会真正强大起来。这样的社会主义才会不断创造出丰富的物质财富与精神财富,多数人在拥有制度保障的同时,也才会拥有强大的财富保障。资本主义也越来越看到自己的制度缺陷,看到对多数人的制度缺失了,于是一直在用不同的方式方法进行调整和弥补,让多数人得到应有的尊重与保护。至少,这样的趋势是明显的。所以,主观上不管资本主义承认不承认,客观上他们正在往多数人主义方向走。不管怎么评价,社会主义也已经前所未有地重视和运用资本了。从这个意义上说,虽然资本主义还在千方百计地遏制社会主义,企图通过各种"颜色革命"演变社会主义,但是资本主义与社会主义也许并不是永远的对头,也并不一定只有"你死我活"的选择。我相信,社会发展到今天这个互联网时代,这个信息智慧高度发达的时代,人类的智慧或许可以通过资本与多数人的原则,把这两大不同的

五 回归文明的动力：资本精神与共享思想

社会制度引向相互借鉴、相互促进，并且在许多具体事情上逐渐消除对立，走向合作与融合，走向共同发展与进步。

第三，共享已经成为当今世界经济社会发展的重要趋势。为什么这样说呢？首先，我们要看到，资本主义正在以不同的方式调整资本与多数人的关系，从业人员的收入水平和生活水平得到了持续提高，社会基本保障制度日益完善，比如福利制度的普遍推行，社会基本救济制度的实施等，就是要让全体民众享有基本的生活基础与条件，本质上就是在往共享的方向调整，向共享的方向走。同时，我们也要看到，社会主义也在推进改革。比如正在推进的全面深化改革，无论政治、经济、文化、社会等领域，都在改革。往哪里改？我认为，改革的措施很多，方法不同，但本质上都是往共享的方向改，让绝大多数人都能享有不断增长的物质财富与精神财富。正如习近平主席所说的，我们要让全体中国人民"共同享有人生出彩的机会，共同享有梦想成真的机会，共同享有同祖国和时代一起成长与进步的机会"[①]。这里所说的"共同享有"，不就是明

---

① 据 2013 年 3 月 17 日人民网报道：2013 年 3 月 17 日，习近平主席在十二届全国人大一次会议闭幕会上发表讲话时指出，实现中国梦必须凝聚中国力量，"生活在我们伟大祖国和伟大时代的中国人民，共同享有人生出彩的机会，共同享有梦想成真的机会，共同享有同祖国和时代一起成长与进步的机会。"

让资本走向共享

明白白的共享吗？我觉得，习近平主席最懂资本，最懂多数人，他领导全中国人民全面深化改革、反腐倡廉、依法治国等等，追求的目标正是放活资本、规范资本，保障多数人的权益。既抓住了资本，又坚持多数人目标，让资本创造的财富为多数人服务，这才是真正地走向共享。这才是共享的本质所在、精髓所在。

很明显，目前世界上的资本主义与社会主义两大阵营内部都在发生变革，都在走出自我封闭，改革和修正制度上的偏差，无论经济措施还是政治改革等，都越来越显示出明确的共享特征。我想，这才是人类社会共同的福音。

第四，要正确处理共享与共产的关系。共享与共产是一个什么关系呢？我特别强调的是，共享是目标，共产是手段之一，不是唯一的手段。共产有时候可能会成为一种阶段性目标，但绝对不是终极性目标。比如当年法国大革命的目标是共产，1911年辛亥革命的目标是共产，1949年中国的社会主义革命是共产，2012年以来我们依法对特殊利益集团的剥夺也是共产。这种共产只能是有条件的、阶段性的目标，是针对性、原则性很强的目标。我是不反对共产的，但是我特别反对三种共产方式：第一，把共产当目标；第二，不断地共产；第三，乱共产，不该共产的也共产。所以，我们要把握好共产

五 回归文明的动力：资本精神与共享思想

的本质，不简单地否定共产，也不能无原则地推崇共产。哪怕共产有时候是不能回避的，是必须的，那也只能是走向共享的一个特殊阶段。在我看来，当年马克思设想的共产主义就是共享主义。在当时的历史条件下，马克思只是对共产主义进行了框架性的设想，从其中的基本制度要求来看，无论是想实行生产资料公有制形式，还是消灭剥削制度、消灭私有制度等，追求的显然都是社会资源、生产资料、社会财富的共享，只是用"共产主义"来概括了一切，人们就没有看到共享的思想与要求了。人类经济社会发展到了二十一世纪了，我们应当更好地分析和理解当年马克思对共产主义的设想了，仅仅看到共产是不够的了，必须看到共享，用共享来引导社会，用正确的方式合理地分配社会资源、社会财富，保障民众的基本权利，也就是既要共享社会发展的财富成果，也要共享基本的权益和权利。为此，我们必须明确的是，面向未来，推进共享，一定要坚持依法治国，要进一步建立健全法律体系，依法保障资本创造财富，依法保障多数人目标和全体人民的权益，我们才会真正发挥出制度优势，不断把人类引向更加美好的未来。

第五，正确认识和把握走向共享的路径。路径选择非常重要。我认为，走向共享的路径有一个先后顺序与持续发展的过程，不可能一步登天。首先要达成共识，然后形成共治，最终才能实现共享。共识有一个面的问题，所有人要全部达成共识是很难的，社会精英达成共识则是必须的，所以我讲的共识就是精英共识。什么是精英呢？我把它分成四个大类：思想精英、制宪精英、政治精英和职业精英。这些精英们首先达成共识，再发展到全社会，成为社会选择，就不会引起动荡。这是共享的重要思想基础和社会基础。共治强调的是行为主体，明确谁来共治。我认为，共治应当是官民共治，包括官的管理和民的自治。今年8月16日，我在中国慈善论坛上有一个演讲，其中讲了这样一句话：慈善事业是我们党的事业的重要组成部分。我们党在领导好政府的同时，还要领导好社会，要实现真正意义上的官的管理和民的自治。习近平主席多次强调要加强社会治理，强调建立依法治理体制，把老百姓的利益放在至上的地位。我呼吁中国公益界，今天我们也许是在历史的关键时刻，我们公益界的最大公益莫过于支持习近平主席领导的全面改革。这些话有点政治化，我以为可能会引起公益界一些复杂的反应。但是大家说，说得好啊，能够接受。显然，公益界在这些方面是达成了共识的。有了共识，达成了官民共治的原则，走向共享的道路即使曲折，即使会面对各方面的挑战，包括面对国际极右势力遏制中国发展的企图，我们也有勇气、有智慧排除艰难，不断地

五 回归文明的动力：资本精神与共享思想

走向共享的目标。我相信，共享才是全体中国人的共同目标与要求。

谈到这里，我想到了法国经济学家托马斯·皮凯蒂去年出版的《二十一世纪资本论》①。他详细地分析了全球主要发达国家自18世纪工业革命至今的财富分配数据，认为不加制约的资本主义导致了财富不平等的加剧，自由市场经济并不能完全解决财富分配不平等的问题。我觉得这个观点是对的。要解决资本主义和自由市场经济的问题，需要新的智慧与新的改革措施。他深入探讨了不平等的问题，也分析了原因。他从庞大的经济历史数据入手，深入讨论了"资本"与"劳动力"二者之间的关系，指出二者之间的矛盾，特别是当代市场经济中，投资回报率经常超过总的经济增长率。这种差异随着时间的推移持续存在，资本家所持有的财富的增长速度就远远超过其他种类的收益，最终与其拉开了很大距离。同时，由于劳动力市场的变化、人口的迅速增长和技术创新等，更加推动了收入不平等，形成了越来越大的贫富差距。这种分析具有鲜明的特点，但解决的措施并不明确。当然，要解决当今世界经济社会问题本身就是一

---

① （法）托马斯·皮凯蒂：《二十一世纪资本论》，巴曙松等译，中信出版社2014年9月版。

让资本走向共享

件非常困难的事,而且与一定的政治、经济制度和社会体制密切相关。我认为,马斯·皮凯蒂的研究再一次清醒地告诉人们,解决不平等的问题一直是人类的最热切的追求①。如果我们往人类精神和未来社会的高处思考,不断认识和处理好资本与多数人之间的关系,同时切实地把握好共享的方向与目标,解决问题的路径与措施就可能丰富多了,发展成效也就显示出来了。世界文明史也告诉我们,共享是人类的共同基因,"虽不能至,然心向往之",绝大多数人都向往共享,向往和谐发展,都愿意为共享做出自己的努力。

所以,回归文明的灵魂,首先应当回归最根本的东

---

① 有的学者分析认为:在《二十一世纪资本论》中,皮凯蒂把重点放在不平等问题上,但却试图做比仅仅诊断出资本主义的不良影响更为宏大的事情。该书提出了一项关于资本主义的总体理论,旨在回答一个基本的、但却具有深刻重要性的问题。正如皮凯蒂所说:"私人资本积累的动力是否必然导致财富在越来越少的人手中集中,就像卡尔·马克思在十九世纪所相信的那样?或者经济增长、竞争和技术进步的平衡力量是否在发展的后期阶段导致各个阶级之间不平等的减少与更大的和谐,就像西蒙·库兹涅茨在二十世纪所认为的那样?"皮凯蒂认为,在资本主义体系中,强大的力量能够在不同的时候推动平等或者不平等,因此"人们应当对任何经济决定论都采取警觉的态度"。他断定,最终,与库兹涅茨等主流思想家的论点相反,"没有任何自然、自发的过程可以阻止破坏稳定的、非平等主义的力量永久地占上风"。为了预防这种结果,皮凯蒂所提出的建议包括一项有关在全球范围对财富征税的计划——要求彻底重新分配资本主义的成果,以确保这一制度的生存。这是从一项开创性分析工作中得出的不令人满意的结论。参见《惩罚资本难以终结不平等——评皮凯蒂著作〈二十一世纪资本论〉》,新华网,2014 年 6 月 3 日。

五 回归文明的动力：资本精神与共享思想

西。资本是人类发展的基础，共享是终极目标。在资本基础上形成的资本精神和在共享基础上形成的共享思想，都是人类社会最美好的价值取向，或者最基本的价值取向。这样一种价值取向就是要让资本能够为多数人服务。而且，既然资本是贯彻于人类社会发展全过程的一个不可缺少的、最基本的东西，这个东西就应该为多数人服务，而不应该为少数人服务，也只有让资本为多数人服务，资本才能发挥最大的效率。正如邓小平所说的：如果我们的改革与发展不能最终走向共同富裕，那就失败了。所以我认为，社会越发展，资本越发达，越会走向共享；资本精神越发达，社会越会面向多数人，越会走向共享。

显然，回归并不是一种简单的回到从前的方式，回归是为了整合的需要。整合是当前和未来世界的主要趋势。20世纪90年代，美国政治学家、哈佛大学教授塞缪尔·亨廷顿就提出，冷战结束后，世界冲突的基本根源不再是意识形态，而是文化方面的差异，主宰全球的将是"文明的冲突"。他研究认为，目前世界上有7种或8种文明，即中华文明、日本文明、印度文明、伊斯兰文明、西方的基督教文明、东正教文明、拉美文明，还有可能存在的非洲文明。中华文明和伊斯兰文明同西方的基督教文明有很大的差异性，而未来世界的冲突将是由中华文明与西方文明间的冲突以及伊斯兰文明与西方文明间的冲突引起的[①]。亨廷顿的"文明的冲突"理论给了人们许多启发,但并不那么准确,有的甚至是歪曲。比如中华文明的核心主张是"和为贵"的,提倡的是"普遍和谐"的观念,具有相当大的包容性,并不是亨廷顿所说的那样,有一种强烈的扩张性。特别是面对目前全球化发展进程,我认为,文明已经不再是以一种冲突的形式的出现,而在于不同文明通过整合后,追求和实现全球更好地发展。回归是大趋势,整合也是大趋势。回归是为了更好地认识自己,整合是大家都用自己最好的东西参与到发展和进步中来。资本精神和共享思想是回归文明的动力,更是整合文明的动力。而且,我相信,认识和丰富资本精神与共享思想,不同文明之间的整合将能得到更好地推动与发展。

---

① 参阅塞缪尔·亨廷顿:《文明的冲突与世界秩序的重建》,新华出版社,1998年3月版。1993年夏,亨廷顿在美国著名的《外交》杂志上发表了一篇题为《文明的冲突?》的文章,引起国际社会的普遍关注和争论。不久,他又在《外交》杂志上发表了后续文章《如果不是文明,那是什么?》。1996年亨廷顿在《文明的冲突与世界秩序的重建》一书中,又对他的理论进行了更深入、更系统的阐述。

六　现代慈善：让资本走向共享的重要路径

前面已经谈到，资本是一种创造财富的财富，资本精神则是正确处置财富的动机和要求，社会发展的最好方向在于更好地发扬资本精神，通过政治、经济、文化、社会等方面的改革、发展，让资本不断创造的财富不断走向共享。道理是这样，如果要在社会上付诸实践，还没那么容易，还需要一个过程，甚至是一个漫长的过程。尽管如此，让资本走向共享却一直是各个资本文明时代都会以不同的形式来表达的一种社会行为，而且政治、经济、文化等方面都是实现这种行为的重要推手。同时，我也认为，资本走向共享的路径很多，政治家有政治家的路径，学者有学者的路径，企业家有企业家的路径，慈善家有慈善家的路径。作为一个企业家和慈善家，我认为现代慈善既是让资本走向共享的一种重要动力，也是一条重要路径。

现代慈善从十九世纪末发端于美国，到现在已经一百多年了。现代慈善区别于传统慈善,一个突出的特点就是做好现代慈善需要巨额善款,并通过项目把善款落实到具体的个人、团体或地区。比如洛克菲勒兄弟基金会就拥有数千亿美元,把各类慈善项目投向了美国和世界各地,有的慈善项目甚至改变了美国的国家政策。又比如比尔·盖茨基金会也拥有数百亿美元,把各类医疗、扶贫等项目推广到许多国家,解除或缓解受助人的痛苦,实现了真正的人道主义。这就是说,我们的现代慈善,无论是富人慈善,还是"慈善资本主义",还是社会影响力投资等,都要有钱,要有更多的钱,没有钱就没法去做现代慈善。那么,钱从哪里来?这就离不开资本,离不开资本创造的财富。离开了资本、离开了财富,就没有现代慈善。我曾经总结说,慈善就是共享。事实上也正是现代慈善所需要的巨额善款,让人们最早看到了资本共享的道路。资本创造的这些财富并没有归于资本所有者享用,而是通过现代慈善的方式回到了社会,为更需要的人提供帮助,从而开辟了资本走向共享的重要通道。

那么,到底怎么发展现代慈善呢?比如,政治家的任务是用现代国家的治理体制治理好国家,企业家的任务是创造更多更好的社会财富,我们的慈善家特别是中国的慈善家们怎么去发展现代慈善呢?具体而言,我认为现代慈善必须坚持一个目标、依托两种力量、探索三种模式、实

六 现代慈善:让资本走向共享的重要路径

现"四化"。

所谓一个目标就是追求共享这个总体目标。或者说,共享是一个终极意义上的目标,发展过程中还可能出现一些阶段性的目标。重要的是,人类社会应当遵循这个目标,否则将迷失方向,出现不同的偏差与错误。

所谓两种力量,一是政府的力量,二是民间的力量。实际上,这两者之间的关系我们一直没有弄清楚。先看看政府的力量。在计划经济时期,我们民间是没有慈善的,慈善都是政府的事,或者说政府根本也没有慈善,只有社会保障。比如中国红十字会就完全是在政府的控制和领导之下开展工作的。到了社会主义市场经济条件下,我们要建设的是现代社会,再那样的话,毫无疑问是不行的。前几年,一个"郭美美事件"就把中国红十字会弄得鸣呼哀哉,为什么?有媒体问过我这个问题。我同他们说,红十字会是代"公权力"受过。为什么说代"公权力"受过呢?因为公益慈善这一块儿工作本身就不完全属于政府事务,但我们官办的公益慈善机构负责人都有官方行政编制,这就有问题了。你要知道,在政府的权力链条中,慈善处于最薄弱的环节上。比如说,大家对学校有意见,说现在的教育体制不好,这也不行、那也不合适,但是我们还得送孩子到学校去,甚至还得送礼找关系。如果你说教育不行,我们就上街,就找领导拼命,那是不行的,更是违法的。再比如说中石化、中石油出现了许多腐败现象，油价又太高，但我们的汽车还得去中石化、中石油加油。唯独我们慈善出现一些情况的时候，甚至让社会大众误解的时候，社会大众对慈善机构的态度很简单，不给钱就行了！所以说，慈善机构在权力链条中，处于最薄弱的环节上，大家既不会为你去游行，也不需要到你的机关闹，不给钱就行了。慈善在这个权力的构架中就是这样弱不禁风！同时，一旦人们对政府的一些行为有点不满，可能首先发泄的对象就是慈善机构，把情绪都发泄到慈善机构身上了。我曾经同中国红十字会有关负责人讨论问题的时候说："你们大可不必担心，这不是你的问题，这是体制问题。你们都是好人，你们是代体制代权力受过的人。"问题是，这些人值得同情，但是这样的体制值得同情吗？那么，政府应该做什么呢？我认为，政府必须做政府该做的事。政府主要应该做三个方面的事，一是制定规则，二是强化监督，三是推进购买服务。现在的情况是，政府还没有主导建立起一套相对完善的规则体系，却又来极力加强监督管理。政府用什么来监督管理呢？仅仅靠手里的权力是很难把事情做好的，应当靠规则做事。所以总的来说，政府应当积极形成系统的思想理念和监管规则，而不是直接去执行具体的社会事务。具体的社会事务，政府应当通过购买的方式去做。社会有了规则，有了购买服务，社会

六　现代慈善：让资本走向共享的重要路径

就会把社会的事做好了。我们再看看民间。现在，民间也有民间的问题，组织不严密，各自为政，也没有建立起相应的规范，公信力、执行力、透明度都存在一些问题。所以，我认为从民间和政府的关系上看，不能简单地说让"慈善回归民间"。这句话说起来好像很英勇，但实际上是不能那么去做的。即使在西方，也不是所有的慈善活动，政府都不管啊！比如美国的红十字会，也是在美国政府的监控之下。我觉得，就公益慈善而言，政府与民间之间最关键是要做到互相配合，不缺位、不越位、不错位。我们强调的是，官民要良性互动，共同把好事做好。如果我们在做慈善这样的好事上都不能做到良性互动，还能在别的事情上做到良性互动吗？官民共治就应该从慈善共治开始。

所谓探索三种模式，一是社会影响力投资，二是公益信托，三是家族基金会。这是当代慈善发展特别是国际慈善发展中重要的新模式，我们在下一节"当代资本文明发展与慈善创新"中会重点讨论。

所谓实现"四化"，就是社会化、制度化、专业化和国际化。一是社会化。现代社会一个重要的特征是社会事务的全民性。慈善就是全民都要参与的事情，不仅富人要参与，穷人要参与，所有人都要参与。同时，不管是出资人还是慈善对象，都要参与到慈善中来。而且，

让资本走向共享

慈善领域中所有的参与者都是平等的,不管有多少钱。有大钱的人可以出大钱,有小钱的人可以出小钱,没钱的人可以出劳力、出智力。只有全民都参与到慈善中来,全社会养成一种"向善"的意识和习惯,才能更好地促进财富"向善",促进资本走向共享。二是制度化。就是建立和完善一套系统的慈善制度,包括相应的法律、规范和制度,特别是慈善发展中所遇到的一些比较重大的原则问题、创新问题等,都要用法律、制度来规范,才能保证慈善事业健康、快速发展。现实的情况是,我们的慈善制度要做的工作相当多,无论是政府机构还是慈善组织,都应当为此而努力[①]。三是专业化。慈善是一项专业活动,专业活动应当由专业人员来做。目前,国内

---

① 2014年10月29日,国务院总理李克强主持召开国务院常务会议,其中就研究确定了发展慈善事业的措施,积极汇聚更多爱心扶贫济困。会议认为,发展慈善事业,引导社会力量开展慈善帮扶,是补上社会建设"短板"、弘扬社会道德、促进社会和谐的重要举措。必须创新机制,使慈善事业与国家保障救助制度互补衔接、形成合力。一要落实和完善公益性捐赠减免税政策,推出更多鼓励慈善的措施。以扶贫济困为重点,引导公众捐款捐物、开展志愿服务,推进股权捐赠、慈善信托等试点。二要优先发展具有扶贫济困功能的慈善组织。地方政府和社会力量可通过公益创投等方式,为初创期慈善组织提供支持。积极探索金融支持慈善发展的政策。三要强化行业自律和社会监督。引导慈善组织依法依规募捐,严格规范使用捐赠款物,及时公开项目运作、款物募集及使用等情况。加强监管,依法查处违规募捐、违约使用捐赠款物、无正当理由拒不兑现捐赠承诺等行为。增强慈善组织公信力,把慈善事业做成人人信任的"透明口袋",让社会爱心的暖阳照耀困难群众、助力民生改善。

六 现代慈善：让资本走向共享的重要路径

从事慈善活动的人员来自各个行业，没有多少人接受过专业训练，更没有多少人接受过系统的慈善从业教育与学习。目前，国内一些大学开设了社会组织专业、慈善管理专业等，但招生人数是非常有限的。同时，慈善项目也必须进行专业化运作，按一定的规范运作，否则就难以保证慈善项目发挥最好的效益。所以，专业化就是既要有专业人员，也要实行项目的专业化运作。四是国际化。现代慈善一个重要的特色就是国际化。外国人可以到中国做慈善，中国人也可以到国外做慈善。慈善交流是国际合作的重要组成部分，是增进国际了解与国际友好的重要渠道。不过，对慈善国际化问题，现在有许多人不理解。谁要把钱拿到国外去做公益、做慈善，大家就会有意见。这可以理解，但是最好的方式是不要去讨论。100多年前，美国的洛克菲勒家族能够到北京来办协和医学院，100多年后中国的企业家、中国的慈善家就不应该去美国尽一些人类的义务和责任吗？这些年来，华民慈善基金会的国际化程度是比较高的，我们的秘书长就是留学回来的。我们是国内第一家在美国设立研究中心的基金会，我们与罗格斯大学合作设立了华民研究中心，也是最先资助中美慈善交流论坛的基金会之一。这都是应该的，不存在中国人有钱，美国人没有钱或者美国人更有钱的问题。做公益慈善，有钱与没钱都是相对的。国内外的慈善家们一起拿钱来共同交流，互相学习，甚至说互相影响，是非常有意义的。我曾经跟一位负责同志汇报时说，人家搞和平演变没有什么可怕的，他只要不搞暴力演变就行，因为暴力演变他的武器可能比我的好，我有点害怕。如果他搞和平演变，如果他几百年的文化能把我们五千年的文化演变过去了，那可能是我们该变了。事实上那是不可能的事。更何况也有可能是我去变他啊，中华文明的融化能力是非常强大的啊！我们有能力参与慈善国际化，也有能力战胜国际化的困难与问题。所以，我觉得我们这一代的企业家、慈善家，作为实现中华民族复兴过程中的这一代人，应该有这样广阔的胸怀，也应该有这样自信和智慧，更加积极主动地参与到国际慈善交流中去，传递中华民族的和平情怀，彰显中华文明的伟大魅力。

那么，如何更好地推动现代慈善的一个目标、依托两种力量、探索三种模式、实现"四化"呢？我认为，全社会特别是慈善领域，还应当重点突出下面几个方面：

首先，需要更多的企业家、更多的富人投身到现代慈善中来，也就是欢迎那些手里掌握了大资本的人走到慈善队伍里来。不是说让他们把巨大的资本投入到慈善之中，而是说可以考虑把资本创造的一些财富投入到慈善活动和慈善项目中来，用自己的爱心引导更多的人关心社会、参与社会建设，帮助解决一些社会问题，引导更多的财富通

六　现代慈善：让资本走向共享的重要路径

过慈善的方式走向共享。需要特别指出的是，现代慈善更多的应当是一种民间慈善，是企业家和富人把自己的钱捐赠给社会，最好不要让公权力和国有企业更多地进来。公权力要依法引导和规范现代慈善，但不能强势地左右现代慈善。现代慈善只有更多地通过民间力量，推动资本不断走向共享，才能活跃社会，促进社会和谐发展与进步。

第二，要进一步更新和完善现代慈善的一系列理念。人类社会从来没有像现在这样高速发展过，人们的思想观念也随之快速变化更新着。现代慈善与社会弱势群体联系在一起，更需要理念的创新。围绕现代慈善理念创新，我做了比较系统的思考，并就中国现代慈善建设提出了"五大原则"、"六大特质"和"五个三"的基本理念。所谓"五大原则"：一是诚信原则，要兑现自己的承诺，遵守职业道德，维护自身公信力；二是专业原则，要有独立专业的运作机制，由专业化团队来操作；三是规范原则，日常管理、项目运作和基金投资等都要遵守法律法规和基金会章程等；四是透明原则，要在阳光下运行，信息公开透明；五是高效原则，要保证良好的运作效果。所谓"六大特质"，就是纯粹性、法制性、组织性、基金性、民间性、志愿性。纯粹性是一个目标，尤其是在中国现代慈善初级阶段，主观为自己，客观为别人，客观为自己，主观为别人等情况都会存在，都应该包容；组织性，主要是新兴非政府组织，特别是基金会等社会力量，将越来越呈现出来，并影响社会的发展；民间性，主要是强调慈善的民间性，慈善的具体形式应该以民为主，政府主要发挥引导作用，用政策去规范，实现官民共治；志愿性则是现代慈善的个体行为选择方式，慈善无论是出钱还是出力都出自自愿，没有任何强制因素去驱动。所谓"五个三"，一是"三愿"，即现代慈善的三大愿景，就是纯粹慈善、尊严慈善和幸福慈善；二是"三忌"，即做慈善忌讳政治化、商业化和娱乐化；三是"三家"，即职业慈善家、慈善职业家和慈善理论家；四是"三治"，即德治、法治和圣治；五是"三公"，即公权、公益和公民，突出强调的是要正确处理好"三公"之间的关系。同时，还有提高慈善透明度、专业化、民间化等方面。我想，只有普及和提升这些基本理念，加强国际化交流，中国的现代慈善才会进一步迈向更高的新台阶。

第三，特别需要建立健全相应的慈善制度体系，特别是法律体系。这个工作我们正在抓紧做，社会也充满了期待，因为现代慈善更需要法律的推动和保障。目前，全国人民代表大会常务委员会已经把《慈善事业促进法》纳入了立法规划，计划在2016年出台，这本身就是一个重要的标志性慈善法律建设工程。

六　现代慈善：让资本走向共享的重要路径

第四，要在全社会创造一种良好的慈善氛围。这一点非常重要，现代慈善本质上就是社会事业，需要全社会的理解、支持和参与。脱离了社会，脱离了民众，现代慈善就失去了发展的基础。现在，由于许多经济社会发展过程中所形成的深层次问题，特别是创造财富、获取财富的方式存在许多不正当的现象，影响了人们对资本的认识，也影响了人们对富人的态度。现在，很多人对富人有意见，认为富人的财富取之无道，至少是缺德。社会上有一种比较强烈的仇富情绪，似乎富人都是不好的人。回想起来，我们刚刚进入富人行列的时候，实际上也不知道自己怎么富起来的，其中有勤劳的原因，也有机遇的因素，还有许多复杂的原因。很长时间里，我们并没有建立起完善的规则，创富过程中出现了一些新情况、新问题。其中一部分是我们自己造成的，一部分则是社会制度本身带来的。特别是那些"邪富"、"恶富"，因为拥有特殊权力而形成的"暴富"等，人家仇你有没有道理？当然有道理，不但要仇这样的富，还要通过法律手段"共掉这样的富"。不过，虽然有些仇富有道理，但如果一个社会过度地仇富，这个社会还有希望吗？所以，全社会应当正确地对待富人，客观地认识最近三十多年来产生的富人群体。如果要求富人参与慈善，他参与慈善以后，大家知道他是富人了，就仇他了，他还敢参与吗？如果一个富人不做慈善还没有人仇他，他做了慈善却有人仇他，那他为什么还要做慈善呢？所以，慈善事业的社会氛围非常重要。在这一点上，我的基本态度是"为富人说话，为穷人做事"。我的基本目的是，希望更多的富人通过现代慈善的道路，共同推动资本更好地走向共享。

七　当代资本文明发展与慈善创新

资本总是与创新天然地联系在一起的。

前面我们已经谈到，当代资本文明已经赋予资本以新的精神与面貌了。中国在相当长的时期里，把资本贴上了资本主义的标签，特别是在极左意识形态下，资本总是那么丑陋，甚至有些青面獠牙。从今日中国的实际来看，资本这个工具，已经将资金、资源赋予了人格化的色彩，从世界分散的角落走出来，从闲置的屋檐下走出来，与企业家结合，与产业发展机会结合，与科学家、技术专家结合，已经创造出巨大的盈利机会，实现了其自身的增值、发展，创造出了新的资本文明，资本也因此受到了全社会的青睐。

我们还必须进一步看到，资本在社会文明的进程中具有重要的地位和作用。往前看，人类社会文明的起步离不开资本的作用，资本极大地强化了人类改造自然的能力，更为人的全面发展开辟了广阔的前景，进一步创造出了一个高于以往一切社会阶段的全新的社会关系。因此，我认为，资本文明的发展将为更高的社会文明奠定坚实的基础。从某种意义上说，资本文明将在一定程度上反映出中华文明的发展特点[①]。

同时，我们反对自由资本主义，坚持正确的意识形态观是思考问题的基本政治前提，但对资本主义创造的有益于人类发展的文明，我们也应当理性地加以吸取。所以，面对资本主义世界的资本创新方式，特别是把资本与慈善结合起来的方式，我们应当看到当代资本文明发展与诚信、规范、道德等之间的关系。尤其是资本与慈善结合的方式，已经日益成为一种力量，一种带有意志、体现人格特质的力量，成为推动社会公平正义、开放透明的力量，成为社会创新和文明发展的力量。其中最重要的形式就是上面谈到的现代慈善需要探索的"三种模式"，即社会影响力投资、公益信托和家族基金会。

我们先来看看社会影响力投资。我认为，中国公益事业经过这么多年的发展，特别是企业界的不断发展与进步，终于把公益与投资结合到一起了。我本人可以说是一个不太著名的投资人，同时也是一个不太完美的公益人，

---

① 参见量之：《资本文明引导中国文明方向》，《证券时报》，2010年12月22日。

七 当代资本文明发展与慈善创新

但总的来看,这两种身份我兼而有之。所以,我更愿意从投资的角度看公益,当然也特别愿意从公益的角度看投资。

第一,我们如何认识投资?关于投资,我先暂时撇开经济学的一般思路来讲,按我个人的一种感受、一个企业家的基本判断来表达对投资的理解。在我看来,投资是满足、限制或者开拓人们需求的一种行为,这种行为是要有回报的。为什么说投资会限制需求呢?我认为,我们的需求里面有好的需求,也有坏的需求。我们的责任是开拓好的需求,限制坏的需求。这种行为同时又是要获利的,如果投资不获利,就不叫投资,就叫慈善或者社会保障。从我个人的体会来说,投资有两种特质,一是满足需求,二是获利。如果不获利,这种投资就不成立。从整个投资过程或结果来看,投资又具有二重性:既具有社会属性,也具有经济属性。换句话说,所有的投资都具有社会价值和经济价值。没有哪一种投资,哪怕是最坏的投资,完全没有某种价值的。比如说有的国家或地区允许开赌场,比如说"马会"等,也会对社会的就业发挥一些作用,但总体是经济价值大于社会价值。纵观所有的投资,还会受到两种力量的导向:一是市场导向,导致的是经济结果;二是价值导向,影响的是社会的、环保的结果。我认为,从总体上说,这二者是不能分开的，是一个硬币的两个面。从这个角度上讲，我又不太愿意只提一个社会价值投资。投资的社会价值和经济价值本来就是一个问题的两个方面，而这两个方面，在一定的条件下是可以互相转换的，这是一种常识。所以我认为，投资是一种理念，是一种行为，还是一种价值追求，也是一种生活方式。

第二，投资和现代公益是什么关系？我认为，投资与现代公益之间是一种互为需求的关系。首先，现代公益特别需要投资的力量，特别是现代基金会的保值、增值都需要发挥投资的作用。从世界范围来看，那些大基金会都有自己的投资模式、投资路线、投资领域等。其次，投资的社会性决定了投资需要现代公益的引领。人类社会发展过程中，不管是什么主义，比如我们常说的社会主义或者资本主义，对投资都有一个价值追求。总的来说，要求投资走向为多数人服务是一个大趋势，而且这个趋势越来越清晰了。如果投资只为少数人服务，这个投资一定走不远。所以，投资要为多数人服务是一个大趋势，特别是第二次世界大战以后，尤其是进入二十一世纪以后，投资越来越走向共享了。从历史上看，投资往往表现出极大的经济性或私益性。如果要更好地促进投资，让投资为更多人服务，让投资走向共享，就必须让公益来引领。从这个角度讲，社会价值投资这个概念又有很大的合理性。我们说，公益发挥引领作用，不等于公益可以指挥投资、代替投资，更多的是一种价值的引领，一种理念的引领。当然，除了基金会的保值增值资金以外，我不是特别赞成用一般的善款去做所谓的天使投资，那样做容易出问题。公益引领投资向善，但不等于投资就是善。目前，从国际上看，这种投资的形式很多，也很多元，比如慈善资本主义，这是比尔·盖茨先生提出来的；比如公益信托、慈善信托、社会责任投资等。社会价值投资，也是个很重要的概念。前几年，从国外传入国内一个概念，叫作社会影响力投资。我比较推崇社会影响力投资这个概念。当然还有公益信托，但是公益信托需要国家在法律上予以突破，难度很大。所以，目前我特别强调社会影响力投资这个概念。

第三，我对社会影响力投资的理解。社会影响力投资是二十一世纪初英国、美国这些发达国家提出来的，几年前引进到了中国。对此，《二十一世纪经济报道》等媒体报纸起了很大的宣传推广作用。他们组织了很多活动，而且获得了一些成果。比如2014年3月，我们华民慈善基金会与深圳郑卫宁慈善基金会、深圳残友集团签约的正在深圳修建的共享大厦，就是一个比较典型的社会影响力投资案例。华民慈善基金会将为此筹措并投入超过6个亿的项目资金，主要目的是帮助残疾人就业，促进深圳的社会稳定。深圳郑卫宁慈善基金会、深圳残友集团在援助残疾人就业方面创造了成功的模式，并且真正帮助了许多残疾人特别是重残人员实现了就业梦想，改变了他们的人生道路，产生了广泛的社会影响。华民慈善基金会把援助残疾人就业确定为重要的慈善方向和项目，并与深圳郑卫宁慈善基金会、深圳残友集团合作，就社会影响力投资展开广泛合作，价值和意义都很大，全国直接受助就业的残疾人朋友人数今年就已经超过 5000 人。当然，这个项目得到了深圳市政府的大力支持。

那么，什么是社会影响力投资呢？我认为，作为一个投资，既要强调社会效益，也要强调经济回报，还要保证可持续发展，这是一件很难的事情。我们强调社会影响力投资就是要在环保、社会和经济三个方面都要有衡量的指标，可以叫作"三重底线投资"。社会影响力投资的经济回报率一般是低于整个社会的平均经济回报率的。具体来说，这种投资主要针对两种对象：一是特定的对象，比如一些残疾人、老人、儿童等，他们是社会的弱势群体，是需要社会照顾的对象。二是特定的事件，比如救灾、治理环境、疾病救治等。这些都是人类共同面临的特殊事件，以及社会需要帮助的特殊的人。针对这些方面的投资，怎么来保证既能解决好特殊人群的问题，又能保证适度的经济回报，同时保证这种投资实现可持续发展呢？这个难度是很大的。美国在这些方面做了很多很有成效的工作，形成了一些很有影响力的投资家，我与他们做过很多深入的交流。就社会影响力投资来说，美国已经形成一些相应的机制或者交易平台。当然，社会影响力投资比较复杂，到目前为止，即使在英国、美国，相应的法规也迟迟没有出来。虽然有一些政府的政策，但没有形成法规，这也说明我们现在做社会影响力投资为时不晚，国内外的有关实践基本上是同步的。

社会影响力投资跟一般的慈善是不同的。慈善是不讲究回报的，但是影响力投资是要求有经济回报的，同我们常常说的社会责任投资一样，社会责任投资是强调社会对企业的危害要减少到最小的程度。社会影响力投资，则是从积极的角度去解决社会问题，化解社会矛盾。不过，我们常常会面对许多困惑：第一，有些问题你投资去解决，比如面对贫困人口的投资，能有多少经济回报呢？答案是未知的。第二，我们试图以积极的态度去解决一些问题，但很有可能你在解决这类社会问题的同时又产生了新的社会问题，比如你投资解决了一个地方的养老问题，但可能会带来别的问题。从投资的角度来说，投资是满足社会的需求，需求又有好的需求和坏的需求。但是，存在一种需求，只有社会价值，而没有经济价值吗？所以，无论你是个人投资人还是机构投资者，在投资的过程中，强调社会效益是对的。也就是说,不管是什么样的投资人,都应当考虑投资的社会效益。所以,社会影响力投资与一般投资相比,确实有很大的不同。从投资导向、投资周期的长短、投资的偏好,以及对利益的追求上看,都是不一样的。我觉得,中国有一项投资可以视作特别典型的社会影响力投资,那就是国家开发银行支持的养老项目,有10年到20年的贷款期,利率相对比较低。我认为,国家对社会影响力投资应该在政策上给予支持,给予一些低的利率。这样一来,虽然回报周期比较长,但是相对稳定。我们因此就可以做一个判断,社会影响力投资作为一种投资是有利可图的。有一些人积累了很大一笔财富以后,不愿意承担更大的风险,希望投资获得一种稳定的回报,那么他就可能被引导到社会影响力投资的投资领域,比如养老事业、残疾人事业,包括一些文化产业等。所以我认为,社会影响力投资,从总体来说是一种底线投资,一种充分考虑了经济效益、社会效益和环保效益的投资,而且这些效益都可以通过量化来呈现。这种社会影响力投资也有明确的价值追求,这种投资就是追求人与人、人与自然的一种共享,共享就是总目标。所谓社会影响力投资,就是更多地让投资走向共享!

我们再来看看公益信托。大经济学家哈耶克曾经说过,商业是最大的公益。他也说过,做公益是一种私利行为，因为公益是为了满足自己的需要。经济学也常常思考哲学问题。哈耶克的话有道理，但大家并不一定都认同①。他在讨论商业与公益的时候，完全站在自我认识的基础上。做生意的时候，我们希望获得更多的财富与精神享受，就一定要让商业对象和消费者在精神和物质方面都有收获，这是正确的。做公益的时候呢？哈耶克认为，公益是不需要回报或者不去追求回报的，这一点我也赞成。但是，如果就因此认为公益是一种利己的行为，目的是使自己的个人价值获得更多提升，使自己的道德诉求得到更好的满足，做公益完全是从自我出发，这样的观点无疑是存在偏颇的。现在看来，哈耶克的许多观点对还是不对，值得大家认真研究，但至少给了我们一定的启示，引导我们更好地认识商业与公益的关系。亚当·斯密在研究商业的时候，反复强调那只"看不见的手"，也就是我们所说的市场调节；凯恩斯在承认看不见的手的同时，又提出有一只看得见的手，那就是政府调控。除了市场和政府之外，是不是还有另一只手呢？我认为是存在的。这只手，我们

---

① 我们知道，商业最核心的目的是服务他人，是利他的，也是通过利他而获得相应的利益回报。哈耶克认为，人们必须限制直接的利他本能，才能让人类生存发展，而且这是一个事关"生死存亡"的问题。哈耶克的理论或许难以让人理解，更难让大家认同，但人们对商业和公益慈善做出深入的对比和分析之后，就能够发现，所有的商业行为正是基于表面上的利己，才能做到最好地服务于他人，服务于全社会的共同利益。所以说，商业才是最大的公益。

既看得见又看不见，既是对市场调节的一种约束，又是对政府调控的一种补充。这只手就是公益。如果以商业的方式来解决公益问题，这只既是有形又是无形的手的最好的载体，莫过于公益信托。

我在北京有一个四合院，价值人民币3亿元左右。我希望把这个四合院捐给华民慈善基金会，但是现行的政策又让我很难把它放到基金会里去。如果放进基金会，我还要另外找一大笔钱来缴纳税金。现在的股权、物权捐赠都面临这个困境。导致这一问题出现的一个重要因素就是现行的税收问题。中国现在的基金会税收政策可能是全世界最苛刻的。还比如基金会的行政开支有一个8%的限制、工作人员平均工资有最高限制等，都严重地制约了基金会的可持续发展。我把现在的基金会政策，叫作易"生"难"长"，也可以叫作让你出生，不想让你长大。从表面上看，现在许多地方设立基金会的门槛降低了，主管部门也不需要了，而事实上现在各地的基金会规模不见长大，反而越做越小了，成了一群长不大的基金会，特别是那些非公募基金会。我曾经说过一句半开玩笑的话："既然不让我们长，又何必让我们生呢？"其中的酸甜苦辣，公益人心里都清楚。

而从国际上看，公益信托在发达国家特别是美国已经有了一套非常成熟的机制，为富人散财、发挥财富的共享

七 当代资本文明发展与慈善创新

作用提供了成功的方式与方法①。我国目前的情况是，2001年出台的《中华人民共和国信托法》里已经专门规定了公益信托，但是到今天也落实不了。按规定，公益信托的安排是需要有关部门审批的，可是到现在我们也不知道究竟归谁审批，谁来监管。这项审批本身是一项政府部门的权力，但现在好像谁都不要这项权力，这是落实不了的原因之一；其二，相关的鼓励性税收制度安排也没有出现；其三，从工商登记上看，物权、股权信托登记在法律上也没有具体的设计。总体上看，政府对这个问题还没有高度重视。

2013年年末至今，我们同深圳市民政局的领导进行了多次交流，大家觉得公益信托是一件非常重要的事，决定一起来深入推动公益信托的发展，希望通过深圳金融改革的平台，推动公益信托公司试点工作，把金融创新与社会

---

① 我们知道，美国设立公益信托有两种途径，一是财产所有人通过合同或遗嘱将财产转移给受托人，由受托人为公益目的而持有财产，这是公益信托设立的一般方式。二是宣言信托，即财产所有人宣称自己将为公益目的持有自己的一定财产。它的特点是委托人和受托人为同一人，这种情形较为罕见。最常见的是公益余额信托，它的运作程序是，设立一个信托，并且把想捐赠给某个慈善机构的财产转入其中。同时，美国的公益信托立法主要以判例为主，同时包括一些成文法则，如《美国信托法重述》和各州检察长制定的关于公益信托监督管理方面的规定。公益信托享有的税收优惠政策主要包括三个方面：一是公益信托的受托人可免交所得税；二是公益信托财产为土地、房产时，免征土地税和财产税；三是对委托人而言，设立公益信托可享有税收减免。美国公益信托模式对我们制定公益信托政策有许多值得借鉴的地方。

创新结合起来，为中国公益慈善事业的可持续发展探索一条新的道路。我认为，公益信托公司的发展路径设计出来以后，可以有效地引导社会向上，引导富人更多地捐出财富，服务社会发展。如果说深圳的公益信托公司能够试点成立，将来就会有相当一部分富人移民到深圳去，深圳这个地方将会成为慈善政策的洼地和慈善的高地。喜欢做好人的富人一定是多数的，富人想做好人，总得给他一条路径。不希望他移民，又不让他做好人，难道让他违法去坐牢？谁也不愿意坐牢。如果说我愿意做好事，但做好事的权利又得不到，或者说不给做好事的权利，那我们怎么办呢？这确实是不行的！现在看来，如果依托公益信托这样一个平台和组织形式，我们就可以切实有效地帮助富人解决做好人好事难的困扰，同时，还可以进一步改变现在慈善的业态结构与外部发展环境。

公益信托公司具体应当做些什么事呢？我认为至少包括四个方面的内容：一是设定某一个具体的公益目标，通过信托的方式，让社会大众来参与，这就有点像众筹；二是大额公益捐赠，特别是物权、股权方面的；三是一些带有公益性的商业计划，比如一些名人或富人的后代是残疾人，这些名人和富人希望通过信托方式留给后人，同时也做一些贡献；四是帮助基金会和其他公益机构理财，实现资产保值增值，实现慈善机构的可持续发展与壮大。目前，基金会的发展确实遇到了很多问题，但如果深圳的公益信托公司试点项目成功，这些问题都有可能迎刃而解。深圳市民政局在这方面很有改革精神与改革勇气，已经和我们共同拟定了推进计划。这个计划得到了北京大学非营利组织法研究中心的支持。我相信，我们的这个计划在政府、学界、基金会的共同推动下，一定会取得理想的成果。但是，究竟能做到什么程度呢？我的判断是，成功和不成功的概率各占一半。即使不成功，我们高举公益信托的旗帜，推动社会的发展，也是非常有意义的！现在看来，许多领导都对公益信托给予了高度重视，社会各界也对此充满了期盼。我特别想说的是，这其中凝聚着我们对未来的美好畅想，饱含着我们对至善的精神追求。这种追求的重要表现，就是我一直以来所提倡的"资本精神"。我认为，资本精神是一种发展的精神，不仅是富人的精神，也是社会全体成员的精神，更是一种共享的精神。公益信托是走向共享的一个非常有价值的平台和路径。让我们高度重视和支持公益信托这只既看得见又看不见的"第三只手"，这是又一只推动社会进步的手，更是一只让"看得见的手"和"看不见的手"共同发挥巨大正能量的力量源泉之手。

最后，我们看看家族基金会。小平同志当年提出要让一部分人通过劳动先富起来，这毫无疑问是对的。没有一部分人先富起来，怎么带动其他人也富起来呢？现在的问题是，我们周围许多先富起来的人没有按照小平先生说的那样去做，没有千方百计地帮助其他人后富起来，相当一部分先富起来的人走了，移民了。虽然现在富人再想依法把财产转移到国外去，难度越来越大，但还是有人转移走了，也有人还想着转移走。移民从某种程度来说也是一件好事，说明国家变得开放、自由了。但是，从国家和民族的发展来看，富人移民也有问题，移民走的毕竟是一些先进的生产力！国家应当高度重视这种情况。

改革开放三十多年来，中国的第一代富人实际上已经产生了，年龄大多在五十岁左右。这群第一代富人，有苦也有乐，同时存在很多问题。比如所谓的"原罪"问题。过去我们发展市场经济，没有多少规则，或者说规则不健全。在这种情况下，我们做了很多事。如果按照现在的规则、制度和标准去衡量，其中一些事有可能是错误的。这就是说，我们这一代富人的"出身"确实不太好。那么，面对未来，我们怎么去发展？我们要走到哪里去呢？我们希望我们的后代成为什么样的人呢？现在，我们总是讲"中国梦"，又说我的未来不是梦。但是，我们的未来到底是一个什么样子的呢？确实又说不清楚。正因为说不清楚，很多人在徘徊，很多人在纠结，很多人在想移民，这是可以理解的。我认为，中国的第一代富人可以根据发达

七 当代资本文明发展与慈善创新

国家许多富人共同创造的经验，建立家族基金会，将更好地发挥财富的作用与提升自己的人生价值结合起来。这是一条非常好的路径选择，许多富人家族已经在实践了。不过，到现在为止，我们国家与慈善有关的法律，或者规范、条例等，都不能让基金会得到迅速发展，家族基金会的建立与成长还处于探索的起步阶段，许多障碍需要从制度上加以突破。否则，富人们发展家族基金会的愿望很难实现。

我认为，财富家族是追求共享的先导力量。什么叫家族？家族是以婚姻和血缘关系为基础建立的亲属集团。一般来说，家族是指直系或者旁系构成的三代或三代以上的家庭关系。现在，孔子的家族已经到了80多代了，但他的直系到孔融时已经断了，现在传下来的是旁系。从原始社会开始，家族成员共同拥有生产资料、共同劳动、共享劳动成果，过着原始低级的共产主义生活。后来发展到氏族、部落、部落联盟，乃至到国家，从根上讲，都是不同家族为追求共享而进行的各种联合方式。在追求共享的过程中，社会上形成了不同类型的精英家族，比如说有政治家族，也有财富家族，还有文化家族，还有近两三百年来才开始形成的慈善家族。

我们再来看看中西方财富家族。从中国历史上看，财富家族与文化家族几千年来一直都是依附于政治家族的。

让资本走向共享

虽然依附于政治家族、依附于皇权上,但是财富家族的因子早就种下了。近代以来,出现了工商家族,后来由于社会变迁,加上外族的入侵,又多次被打断。到改革开放前,中国实际上并没有真正形成财富家族。改革开放30多年来,中国经济迅速发展,初步形成了一些财富家族。我认为有特点的是三类,我把它们分别叫作土豪财富家族、权贵财富家族、工商财富家族。就工商财富家族而言,因为形成的时间太短,加上也没有明确的信仰,虽然有形,但是神不够,我把它叫作缺少资本精神的家族。中国的财富家族在成长的过程中需要资本精神的引导。当然,没有资本精神,或者说资本精神不够,不能只怪那些财富创造者。资本精神是一种全民族的精神,在大家都追求财富,又不尊重财富创造者的社会,只要求财富创造者是一些完全讲诚信、守规则的圣人,这可能吗?我认为这种可能性并不大。30多年来,中国大陆完整的财富家族还不成熟,慈善家族基本还没有形成。一般说,一个财富家族至少要富到三代,而我们现在只到了富二代,没有到富三代、富四代。但是家族慈善方面,已经有了一批很好的先行者,例如牛根生先生、曹德旺先生等人,正在积极做这方面的探讨。

西方的历史文化基因有不同的一面,他们比较关注个人的价值,重视对私有财产的保护,也重视工商业的发展,财富家族的基因强一些。特别是工业革命以后,财富家族形成后,又得到了大规模的发展,形成了一系列很有影响力的财富家族,比如说罗斯柴尔德家族、摩根家族、洛克菲勒家族等。这些家族无论以什么样的方式在传承,包括慈善的、企业的、信托机制等,都既具有公益慈善性,又具有经济内在的协调性,同时还有政治参与性。总体上看,公益慈善成为财富家族传承的重要命门。我曾经对洛克菲勒家族进行了专门的了解和学习。这个家族确实有很多值得中国现代家族学习的地方,我们常常说富不过三代、贵不过二代,可是他们已经富贵到了第五代、第六代。我们不学行吗?从洛克菲勒家族的发展历程上看,那些伟大的家族既支持了国家的进步,也支撑了慈善的发展。当然,中国的国情不同,但美国慈善家族的许多经验和做法值得我们学习与借鉴。

我在实践与研究中发现,家族基金会是财富家族传承的第一密码,是共享的福音。到2014年11月10日,我国非公募基金会有2566家,这两千多家非公募基金会大概有8%左右带有家族基金会的特点,但还不是地地道道的家族基金会,只是符合家族基金会的部分特征。美国现在带有"家族"字样的基金会大概17000多家,而我们大概只有一两百家基金会具有家族基金会的基本特征,且还处在家族基金会发展的初级阶段。我把这种态势叫作蓄势待发。为什么说它是蓄势待发呢？势在哪里呢？我觉得这个势有两种：一种是内势，一种是外势。

什么是"内势"？就是指家族传承的内在需求。目前中国社会在转型，中国的企业家、慈善家也在转代，到了第二代，我把它叫作善二代。怎么才能做到富过三代？这是很现实的问题。我们到底怎么办？西方的很多政治制度、社会制度可能不适合中国的国情，但家族基金会这样的制度设计，对中国来说很有借鉴意义。在中国的香港、台湾地区，以及新加坡等一些亚洲国家也已有了成功的实践。我觉得这跟市场经济一样，只要你搞市场经济，基本法则都差不多。只要追求家族传承，要建设家族基金会，基本做法大体上也会是一致的。当然，任何家族基金会都会有本土的特点。这是一种内势，家族要传承就必须走这样的发展道路。

从外势来看，就是社会有追求共享的要求。当然，作为一种势，仅仅有要求是不行的，还要创造条件、创造氛围。第一，要树立财富的社会标杆。现在有些企业家，特别希望做好慈善、做好家族慈善基金会，社会就要给他们创造条件，引导他们去实践。第二，要提高全民的慈善意识。要让富人敢于拿出钱来做慈善。富人不拿钱做慈善你仇他，他拿钱做慈善了你还仇他，甚至更仇他，那怎么办？长期这样，不是把人家逼到国外去吗？所以，全社会要建立一种良好的慈善氛围。第三，要建立健全有关的法律制度。对我们这些实践者来说，目前的法律环境不那么规范，我们的基金会能生出来，但是长不大，所以很痛苦。

那么，要建立中国式家族基金会，需要哪些内在条件呢？第一，要培养家族信仰。中国是一个多宗教国家，与欧洲的"一教多王"不同，中国是"一王多教"，没有形成统一的国教，家族信仰也是五花八门，从来就没有统一过。小平同志于20世纪80年代曾就中国人的信仰问题说过这样的话，大意是中国人信教的不多，但大多数人或多或少都有些迷信。中国现有的这些宗教，只要不是邪教，都是主张行善的，所以都吸引了不少信徒，但还有相当多的人是不信教的。对于这些不怎么信教的人，信真理也好啊，例如信资本精神就很好。第二，要树立家族理想。家族理想必须是正当的，合法的，积极向上的，可以是为社区、为国家，甚至是为全人类，但作为中国的家族基金会必须站在中华民族的立场之上。第三，要培养和选拔适合的基金会负责人。前几年，我提出了一个概念叫"善二代"，并把女儿送到美国去学公益慈善，目的是想把她培养成一个有理想、有担当又有专业水平的"善二代"。家族基金会的负责人不是谁都可以做的，一个家族里有些人可能擅长政治，有些人可能擅长商业，也有些人可能擅长艺术，也可能不一定有人有兴趣、有能力管理家族基金会。没有也不要紧，可以从职业团队中找，现在洛克菲勒兄弟基金会的总裁海因茨先生就不是洛克菲勒的家族成员，但他依然把基金会办得有声有色，非常有国际影响力。第四，建立合理的治理结构是家族基金会成败的关键。既然是家族基金会，当然要体现家族对基金会的影响力，但也不能把基金会等同于纯粹的家族机构。关键是要在家族掌门人的主持下，有效地协调理事会、监事会和家族间的关系，形成一个比较规范的治理结构。这方面中国家族基金会还有很长的路要走，可以借鉴欧美国家的经验，但还是要摸索出自己的模式，毕竟要考虑中国的国情和文化。第五，要动员全家族参与以基金会为核心的慈善事业。基金会可以有意识地设计一些项目，让基金会和家族成员参与，这样既有利于培养年轻家族成员的慈善意识，也有利于凝聚基金会与家族成员的共识，形成可持续发展的动力与合力。

中国家族基金会的成长也需要一些外部条件。一是要建立合理的法律法规体系，形成一种让家族基金会能生能长、优生优长的环境和氛围。二是要培养全民的资本精神，资本精神不能只是富人的精神，要成为全社会共同认可的价值理念，这样才能为发展家族基金会提供肥沃的土壤。只有这样，才能既有利于现有的家族基金会的发展，又有利于刺激更多的家族基金会不断涌现。

2014年的4月9日,就是我去洛克菲勒家族庄园访问的前两天,我从北京回到老家看望94岁的老父亲。父亲叮嘱我,要我好好去学习人家的好东西,学习人家家族基金会的好经验,把他们的好经验运用到中国来,把慈善做好。没有想到的是,我正在洛克菲勒家族基金会访问的时候,父亲去世的噩耗也漂洋过海传来了。那时正是美国东部的黑夜时分,我站在洛克菲勒家族庄园里眺望中国,眺望故乡,眺望父亲。不由想起父亲90岁的时候,总结数十年做善事的经历,到县里申请成立了一个由他命名的基金。基金现有的善款都是父亲捐赠的。我回到家里,送走父亲后,便与兄弟姐妹们商量,为完成父亲的重托,一家人一定要把父亲设立的基金会作为家族基金会发展起来,发展好。大家都非常支持。我想,这也算是我访问学习洛克菲勒家族后的一个实际行动。我相信,善的力量才是世界上最强大的力量,用善凝聚的家族荣耀才永不褪色!

八　国际慈善交流与全球共享思想的传播

全球从来就是统一体，但现在的人们才越来越清醒地感觉到，今天的地球的确是地球上所有人的地球，任何地方发生的重大事件或早或迟都会影响到不同地方的人。比如2008年美国爆发的金融次贷危机，从华尔街开始迅速形成涉及全球的金融危机，到现在全世界还没有真正消除危机带来的消极影响。这种消极影响，让人们更加深刻地感受到，全球越来越是一个一体的世界了。

我想强调的是，全球一体化对全球共享的积极意义。前面我们已经谈到，资本走向共享已经成为全球发展的一个重要趋势，并且在政治、经济、军事、文化等领域都以不同的方式表现出来了，但我认为，当今互联网技术和国际慈善交流才是当代共享思想最强大的发展渠道或者说途径。互联网技术对人类思想发展特别是共享思想的推动已经成为全球的共识了。正如习近平主席所说的："当今时

八 国际慈善交流与全球共享思想的传播

代,以信息技术为核心的新一轮科技革命正在孕育兴起,互联网日益成为创新驱动发展的先导力量,深刻改变着人们的生产生活,有力推动着社会发展。互联网真正让世界变成了地球村,让国际社会越来越成为你中有我、我中有你的命运共同体。同时,互联网发展对国家主权、安全、发展利益提出了新的挑战,迫切需要国际社会认真应对、谋求共治、实现共赢。"[①] 而国际慈善交流对全球共享思想的推动还是一个新的课题,需要进一步探索。

国际慈善交流是全球一体性的重要表现形式。前面我们谈到了现代慈善国际化,侧重的是这种趋势的必要性。下面我们着重讨论的则是国际慈善的目的性,特别是国际慈善所体现的共享追求。我认为,国际慈善交流中的共享追求才是慈善的本质。这让我想起了费孝通先生在1990年所说的十六个字:"各美其美,美人之美,美美与共,天下大同。"他虽然不是针对国际慈善来说的,却很好地体现了国际慈善的本质与追求。在当今世界下,每个人有自己的美,你要保持自己的特点,但是别人有好的地方,你还是要向别人学习,你美了,我也美了,天下就能大同了。这才是美好的共享世界!

---

① 参见《习近平致首届世界互联网大会贺词全文》,新华网,2014年11月19日。

所以，我们应该把国际慈善活动、慈善交流与全球共享思想结合起来，共同在四个方面做出努力。

首先，我们可以通过国际慈善文化交流，传播我们的共享理念或者说共享思想。共享思想本质就是一种文化沉积，凝聚了西方自古以来的思想文明、政治文明，也凝聚着东方文明的追求。2013年10月19日，中法高端家族对话"传统、传承、创新"主题晚宴在原中法大学旧址，也就是现在北京市东城区东黄城根北街甲20号举行。我应法国前总理、上议院副议长让-皮埃尔·拉法兰先生邀请出席了此次晚宴。晚宴上，我与拉法兰前总理以及中法知名慈善人士共同追溯中法文化历史渊源，共享百年家族传承之道，探寻中法慈善事业的未来发展与合作，特别是对慈善的创新与传承进行了很好的交流。又比如，2012年12月3日，华民慈善基金会接待了二十一世纪社会创新国际论坛访问代表团。双方就中国现代慈善发展现状、中美慈善政策对比、社会影响力投资，以及中美社会领域交流合作等一系列彼此关注的议题进行了深入交流。中国无论是在公益慈善领域还是整个社会领域，发展的阶段、水平和专业性都落后于美国，但二十一世纪传媒等诸多国内媒体都积极发挥自身优势，为推动中国在这些方面的发展创新做出了不懈的努力。不少国外友人，特别是美国朋友也十分热心中国社会领

八 国际慈善交流与全球共享思想的传播

域的发展，其在理念和方法上的实践经验也给了我们很大的启示。未来十到三十年是中国慈善爆发式增长的黄金期，将为我们提供更广阔的发展空间和更丰富的合作机会，我们在建设中国特色现代慈善事业乃至共同推动世界慈善社会领域发展方面一定会大有作为。

其次，我们可以从重要的国际经济合作中发掘共享的思想与追求。比如由中国倡议成立的亚洲基础设施投资银行就是一个很好的例证。2014年10月24日，包括中国、印度、新加坡等在内的21个首批意向创始成员国的财长和授权代表在北京签约，共同决定成立亚洲基础设施投资银行。这是一个政府间性质的亚洲区域多边开发机构，重点支持基础设施建设，总部就设在北京，法定资本1000亿美元。该银行是继提出建立金砖国家开发银行、上合组织开发银行之后，中国参与主导、共享国际金融体系的又一重大举措。重要的是，亚洲基础设施投资银行的建立，将弥补亚洲发展中国家在基础设施投资领域存在的巨大缺口，减少亚洲区域内资金外流，投资于亚洲的"活力与增长"。虽然这不是公益项目，但其共享的本质是明确的。可以说，亚洲基础设施投资银行是创始成员国共享资本资源，让资本走向共享的重要体现。共享资本，收获的将是创始成员国的经济发展与繁荣。

再次，我们可以在一些以经济为主要话题的慈善交流

让资本走向共享

中更好地贯穿共享思想。2014年11月11日,亚太经合组织第二十二次领导人非正式会议在北京怀柔雁栖湖国际会议中心举行。国家主席习近平在讲话中宣布:中国将捐款1000万美元用于支持亚太经合组织机制和能力建设,开展各领域务实合作。未来三年,中国政府将为亚太经合组织发展中成员提供1500个培训名额,用于贸易和投资等领域的能力建设项目。这种国家捐助体现的是一项国策,也是一种国与国之间的共享。通过这种共享,世界更了解中国,也更能够看到中国崛起对世界和平、稳定、发展的价值与意义[①]。2014年6月5日,中美反贫困政策国际研讨会在中国人民大学逸夫会堂举行,这次研讨会由中国人民大学和美国罗格斯大学合作主办。我参加了会议并有一个发言。我从自己的成长经历出发,回顾了我国改革开放三十多年来在反贫困方面取得的巨大成就。我认为,贫困是一个相对的概念,反对贫困是人类永恒的主体,要避免用制造贫困的手段来反贫困,并要保持反贫困的可持续性和

[①] 人民网北京2014年11月11日电:11日上午,国家主席习近平出席2014年亚太经合组织(APEC)领导人非正式会议第一阶段会议并讲话。习近平表示,共同打造合作平台。伙伴意味着"一个好汉三个帮",一起做好事、做大事。我们应该将亚太经合组织打造成推动一体化的制度平台,加强经验交流的政策平台,反对贸易保护主义的开放平台,深化经济技术合作的发展平台,推进互联互通的连接平台。亚太经合组织的发展壮大有赖于大家共同支持,我愿在此宣布,中方将捐款1000万美元用于支持亚太经合组织机制和能力建设,开展各领域务实合作。

八 国际慈善交流与全球共享思想的传播

连贯性。反贫困是慈善基金会的天然使命，这种使命的履行可以是直接的，也可以是间接的，比如推动反贫困政策的完善。我们应该学习洛克菲勒基金会在反贫困方面的经验。同时，要在中国大力发展家族基金会，引导富人在反贫困问题上承担应有的责任，而不是远走异国他乡。从国家层面讲，中美两国都存在贫困问题，既要努力解决本国的贫困问题，也要帮助世界其他国家人民脱贫。换句话说，反贫困是中美两国都应该承担的一项国际责任。我觉得，共享思想能够很好地解释我们的慈善活动，也更能让人们理解和支持，并参与更广大的慈善交流，促进文明的相互了解与融合。

第四，我们可以在那些重要的国际慈善项目和慈善主题活动中讨论共享思想，把更多的慈善家、企业家、社会活动家等吸引到共享的旗帜下。国际上的如洛克菲勒基金会、比尔·盖茨基金会等，中国的如扶贫基金会、老牛基金会等，这些基金会的慈善项目就是最典型的代表。还有一种国际慈善组织的活动，也很好地体现了人类的共享思想。2014年6月，我收到了全球慈善家协会的邮件，正式受邀加入全球慈善家协会，我也因此成为我国大陆第一批受邀加入该会的慈善家。全球慈善家协会现有近200位来自全球70多个家族的杰出慈善家，分别代表包括美洲、欧洲、大洋洲、亚洲以及非洲的近20个国家的公益慈善力量，立足于解决全球贫困以及社会贫富差距，由大卫·洛克菲勒的女儿佩吉·杜拉尼女士创立。作为该机构的创始人，佩吉已经逐步将全球慈善家协会发展成为全球性的家族慈善圈，力图使热心于公益事业的杰出领袖和家族有效而积极的合作，共享资源，彼此促进，共同发展。也就是说，在共享的旗帜下，全球慈善家协会能够帮助其成员更加有效地致力于改变社会问题现状，通过开放性的思维以及合理利用人力与资源，最大程度发挥慈善家的公益力量，为全球发展服务。

在这些认识的基础上，我认为还有一点非常重要，那就是中美慈善交流中所体现的共享氛围，又主要表现在两个方面：一方面，慈善是引导中美关系良性发展的最好领唱。几年来，我参与了很多中美慈善交流活动，感慨也比较多。我们两个国家所处的历史发展阶段不同，文化背景不同，制度体系不同，人口规模差异更大。这些都让我们清醒地认识到，中国和美国的慈善是不同的，不可能完全一致，但有一点是相通的，那就是要让资本走向共享，让财富发挥更好的作用。有差异才会学习，有差异才需要合作。我们也各有所长。中美慈善之间必须互相学习，特别是现代慈善，中国必须向美国学习，中国的慈善界、慈善家必须向美国的慈善界、慈善家学习。中国是一个拥有五千年文明的国度，拥有深刻的文

八　国际慈善交流与全球共享思想的传播

化基因。美国是一个发达的西方国家,许多方面都走在世界的前列。所以,我们首先要互学,然后要互助、互促,这几年我们也是这么做的。同时,要加强合作。我们通过中美战略慈善工作坊把中美慈善合作进程不断地推上新的高度、广度和深度。当然,中美这个老大老二之间,确实存在一些差异,存在一些不和谐。美国确实有人总是针对中国,今天军机飞过来,明天航母又到附近转一圈,支持某些国家进行军国主义活动。这也让我们慈善界在内的中国人很难受。中国心里揣着资本,更揣着多数人,这就决定了中国必走和平崛起的道路,强大起来的中国不会给别人带来威胁,只会坚决捍卫世界和平、稳定与发展。这一点,慈善人应当看得更清楚。我始终认为,中美的慈善人是非常善良的,大家都是好朋友,相互交往像走亲戚一样,但是总有一些美国人让我们这些亲戚很难受。但为了中美两国人民,也为了人类的未来,我们还得合作,还得做中美关系的最好领唱,把中美关系引向更好的发展局面。另一方面,中美慈善合作是促进全球和谐发展的主旋律。无论中美两国的社会制度有多大差别,也无论发展阶段有多少不同,中美慈善合作都有助于促进中美和全球的和谐发展。我觉得,慈善人是一家人,慈善是可以统一世界的。美国慈善界发起的"冰桶挑战",一到中国就促成我们发起成立

"病痛挑战基金会"的倡议。目前中国缺水、少电，于是就改换了方式，把"冰桶挑战"转为网上进行，并期待成立"病痛挑战基金会"。这仅仅是中美慈善交流合作的一个小旋律，以此为引子，我们一定会演奏出新的更好的全球慈善主旋律，推动更大更广泛的国际慈善交流与合作。

最重要的是，我们应当看到，慈善所贯穿的共享思想永远是提升全球慈善人幸福感的人类好声音。追求幸福是人们的基本要求，慈善人应该是最能体味幸福感的人。浙江卫视有一个"中国好声音"的电视节目，各路青年歌手以美好的音乐打动着广大听众。我认为，慈善才是人类最好的声音，传播的是社会的温暖与爱心。全球慈善人在不同的地方唱响慈善好声音，这种人类好声音能够温暖更多的人。特别是这个慈善好声音里传播的共享思想，一定能激励更多的人投身到慈善中来，引领更多的资本走向共享，为更多需要帮助的人奉献爱心。所以，慈善的声音就是共享的声音，让资本走向共享才是世界经济社会的最好声音。

九　走向共享：实现中华民族伟大复兴的必然使命

我把让资本走向共享当作我们的一项伟大使命。这既是一项伟大的社会工程，又是一项伟大的时代工程、世纪工程。全社会应该成为资本走向共享的重要力量，而其中我们一个重要的武器就是善，以善为武器来引领我们的理念和行动。从客观上说，我们的社会进步、向善发展，总是需要引领，需要思想、理论、理念来引领。从这个意义上说，向善发展应该成为世界民族繁荣发展的根本所在。

两年前开始，我们再一次非常热烈地讨论起中华民族伟大复兴的问题。要实现中华民族伟大复兴，首先应该知道复什么、兴什么吧？当年欧洲文艺复兴，复兴的是什么？复兴的是伟大、灿烂的古希腊文明。我们现在要复兴的当然不是古希腊文明，应当是伟大、灿烂的中华文明。为此，我认为，我们现在所说的复兴，就是要"复"到我们传统的"道统"上去，而"兴"就是要兴现代文明。

让资本走向共享

现代文明要与国际接轨,所以这个"兴"就是要兴科学、道德、民主和法制。当然民主与法制,并不是一蹴而就的事情,需要一个历史发展过程。我主张的是,先法制后民主,先自由后民主。百年前,孙中山领导的辛亥革命把中国传统的"家天下"推翻了,他希望直接由"家天下"过渡到富有民主特色的"民天下",却没有成功,后来还搞出了一个"党天下"来了。这个"党天下"也是个好东西,重要的是要在"党天下"和"民天下"之间找到一种合成机制,以实现民主与法制。中国的发展必须坚持中国共产党的领导,这是一个不能动摇的原则。从这个意义上看,"党天下"又是必须的。那么,"党天下"与"民天下"之间怎样形成一种良性的合成机制呢?我想,至少要建立三种机制:一是授权机制。权力从哪里来呢?正如习近平主席多次强调的那样:"权为民所赋。"2010年9月1日他在出席中共中央党校2010年秋季学期开学典礼的讲话中强调:马克思主义权力观概括起来是两句话:权为民所赋,权为民所用[①]。在这里,习近平主席明确指

---

① 参见《习近平同志2010年9月1日在中央党校2010年秋季学期开学典礼上的讲话》。习近平明确指出:"权力观是关于国家和社会权力的根本观点。马克思主义权力观,概括起来是两句话:权为民所赋,权为民所用。前一句话指明了权力的根本来源和基础,后一句话指明了权力的根本性质和归宿。全心全意为人民服务,是我们党的唯一宗旨,也是马克思主义权力观同资产阶级权力观的根本区别。"新华网,2010年9月1日。

九 走向共享：实现中华民族伟大复兴的必然使命

出了一切权力的来源，也就是说，一切权力都是人民赋予的。所以，绝对不能认为手里的权力是自己争取到的，是自己赋予自己的。现代社会没有自授权力的基础与条件。既然权力是人民赋予的，那么人民授权也应当有一个好的机制，比如授权要有一个完善的制度，有一个期限授权的设计，是不是经过一次授权就万事大吉了呢？这些问题都需要有一个授权机制来规范。二是监督机制。监督有内部自觉监督与外部制约性监督。内外监督要相互结合，不能偏废，尤其是外部监督更要正常。正如习近平主席上面所说的："权为民所用。"权力来源于人民，自然要用到服务人民上，同时要自觉地接受人民的监督。2011年4月10日，习近平主席在安徽调研召开的党政干部座谈会上，强调各级党员干部在对待党和国家事业上始终保持进取之心，在对待人民赋予的权力上始终保持敬畏之心，在对待个人名利地位上始终保持平常之心。这说明，权力是人民所赋予的，用权力为人民谋福祉，也要接受人民的监督。如果权力运行出现了偏差、出现了问题，人民有权予以纠正；如果权力运行走向了反面，成了为少数人谋私利的工具，人民就有权力起来予以改造。对权力来说，有了这样的外部约束机制，就有了监督机制，也就有了正常的纠偏、纠错机制，就有了规范权力运行的保障机制。三是直通机制。这是一种任贤的用人机制，主要是能够打通党内党外的体制约束或者政府内外的体制约束，是一种大胆而规范地选拔民间优秀人才的机制。关键是我们要设计一个好的选拔任用机制，把人民中间的优秀分子直接推荐选拔到一定的领导岗位上去，让他们有更多的机会、更好的条件发挥出他们的聪明才智，更好地为人民服务。我想，当这三种机制建立起来的时候，"党天下"与"民天下"就有了一种协调发展的合成机制，就会成为现代社会发展的集大成者了。如果我们的领导人领导我们建立起这样的合成机制，将会成为我们所期待的实现中华民族伟大复兴的集大成者！我想，这是值得我们期待的。

　　如果我们这样的期待实现了，那么中华文化将会逐渐成为促进全球发展的好声音，而不仅仅是中国的好声音。近年来，我反复在想一个问题，特别是我今年当选国际儒学联合会副理事长后，思考中国文化的时间更多了一些。我觉得，东方文明已经到了大显身手的时候了，而且到了应该让东方智慧在资本走向共享的过程中发挥伟大作用的时候了。西方文明对人类社会的发展做出了巨大的贡献，比如蒸汽机发明以后所带来的工业文明、信息文明，大多数都是来自于西方。进入二十一世纪，人类经济社会发展面对日益复杂的问题，特别需要人性更好地回归本心，而我们祖先留下的五千年文明和智慧，可以帮助人们做到这一点，这对全人类的发展具有重要的意义，拥有伟大的推

九　走向共享：实现中华民族伟大复兴的必然使命

动力。我们知道，以儒学为核心的中国文化，其核心的价值是什么呢？我认为就是四个字：一个叫仁爱①，一个叫中庸②。中国人讲的仁爱和西方人讲的大爱是有区别的。从

---

①　我们必须清楚的是，仁爱是中华文化最突出的核心价值或理论价值，是中华文明中独具特色的人文精神。仁爱，就是宽仁慈爱，就是出于内心地对他人的怜悯、关心与爱护。汉语记载里，目前所见，仁爱这个词最早出自《淮南子·修务训》："尧立孝慈仁爱，使民如子弟。"《史记·袁盎列传》："仁爱士卒，士卒皆争为死。"晋干宝《搜神记》卷二十："我西王母使者，使蓬莱，不慎为鸱枭所搏。君仁爱见拯，实感盛德。"明唐顺之《廷试策》："盖虽天心仁爱，欲以助陛下宵旰之忧，而隆嘉靖之治，意者民之危苦无聊，所以感伤和气者，亦容有之乎！"孔子在《论语》里说："仁者爱人。"仁爱是孔子认定的理想人格，是君子应当具有的精神品格，对后世中华文明和中华民族的心理建构，影响十分深远。

②　《中庸》是儒家乃至整个中国传统文化的思想核心，是几千年来中华民族伟大智慧的结晶。《中庸》原是《礼记》中的一篇。《礼记》是古代一部重要的汉民族典章制度书籍。为战国时子思作。全篇以"中庸"作为最高的道德准则和自然法律。宋代把它与《大学》、《论语》、《孟子》并列为"四书"。关于"中庸"，自古以来有多种解说。北宋的程颐认为："不偏不倚叫作'中'，不变不更叫作'庸'。中是天下的正道，庸是天下的定理。"也就是说，中庸是儒家的最高道德标准。就本质而言，中庸以"诚"和"中"为基本概念，叙述的是"天人合一"的形而上学思想。所以，《中庸》第一章就说："天命之谓性，率性之谓道，修道之谓教。"这是统领全篇的核心所在。我们认为，中庸含义丰富，主要有三层意义：第一层意义是中不偏，庸不易。孔子曾经说："中庸之为德也，其至矣乎！民鲜久矣。"第二层意义是指中正、平和。就是要保持中正平和，治怒唯有乐，治过莫过礼，守礼的方法在于敬。第三层意义是，"中"是好的意思，而"庸"同"用"，就是中用的意思。具体到生活中就是说，一个人要拥有一技之长，做一个有用的人才。或者说，一个人一定要坚守自己的岗位，要在其位谋其职等。有人认为，把握"中庸"就要努力做到以下几个方面：动中取衡，静中就重；不辞两极，勾势恰作；不死不肆，不邪不正；强为之名，强为之形，是妄自揣测也；世人为劝向善，多取正意，然而道若为物，状摩恍惚。我觉得，这些理解与评价都很有道理。

汉字造字上看，"仁"是一个会意字，由人、二会意而成，表示人与人之间相互亲爱；"爱"则是一个简化汉字，古汉语里的"爱"字是一个象形、会意字，上面是一只手，中间一个宝盖头表示屋子，下面是一颗心，心下面也是一只手，双手捧着心放在屋子里，这才是爱。所以，中国人讲的仁爱是一种更加深刻的爱，一种发乎内心的善，是一种灵魂深处对至善的表达。孔子讲"克己复礼"，复什么礼呢？有人说是恢复"周礼"。我认为，孔子就是要回归到人的本性上去。后来，孟子讲养浩然之气，王阳明讲本心、知行合一等，这些原理归根到底就是讲那种来自我们内心深处的至善的爱。西方人讲的"大爱"是一种平面上的爱的表达，更多的是人与人之间的一种平等的关心与爱护，或者说是一种平等的爱。所以，我觉得中国传统文明中的"仁爱"要比西方人追求的"大爱"更深刻，更有立体性，属于本体论的范畴，是出于内心深处的"本原"的东西，来自于我们自身。而"中庸"呢？"中庸"是一种既不能不及、也不能过的状态，无论做什么都要把握一个"度"。这不正是当今社会，不论东方社会还是西方社会都最需要的东西吗？显然，这是属于方法论的范畴。我觉得，东方文化中的这两个核心价值，正是当下世界所需要的东西。世界经济社会发展过程能够离得开"仁爱"和"中庸"这两个内容吗？2014年年初，我在美国东西方中心交流时，我说二战以后，我们

九　走向共享：实现中华民族伟大复兴的必然使命

中国人比较讲规矩，你们美国人就不讲规矩，苏联人也不讲规矩。尽管如此，中国人从来没有坏过规矩。这是为什么呢？因为我们是"中庸之道"的后人，我们知道讲"度"，我们不走极端。那个"度"不正是今天全世界人民都需要的东西吗？我们不就是需要讲"爱"、需要讲"度"吗？当然，西方文化也有许多优秀的东西，比如科学、法制、公平、正义等。所以，如何把东方文明中的这种本体论范畴的东西制度化，就需要学习西方的方法，因为这些方面西方人比东方人做得好。总之，我们应当把东方文化与西方文化中的好东西融合起来，嫁接起来，真正实现共享，我们会发展得更好。正如习近平主席在纪念孔子诞辰2565周年国际学术研讨会暨国际儒学联合会第五届会员大会开幕会上的讲话中所说："当今世界，人类文明无论在物质还是精神方面都取得了巨大进步，特别是物质的极大丰富是古代世界完全不能想象的。同时，当代人类也面临着许多突出的难题，比如，贫富差距持续扩大，物欲追求奢华无度，个人主义恶性膨胀，社会诚信不断消减，伦理道德每况愈下，人与自然关系日趋紧张，等等。要解决这些难题，不仅需要运用人类今天发现和发展的智慧和力量，而且需要运用人类历史上积累和储存的智慧和力量。"同时指出，"中国优秀传统文化的丰富哲学思想、人文精神、教化思想、道德理念等，可以为人们认识和改造世界提供有益启迪，可以为治国理政提供有益启示，也可以为道德建设提供有益启发。对传统文化中适合于调理社会关系和鼓励人们向上向善的内容，我们要结合时代条件加以继承和发扬，赋予其新的涵义。"① 从而实现让中国优秀传统文化同世界各国优秀文化一道造福人类、促进全球让资本走向共享的目的。所以，面对复杂的世界，我们应当高举中华文化的大旗，特别是"仁爱"和"中庸"的大旗，真正走向历史的前台！

当然，中华文化尤其是传统文化中这样丰富的道德精神、礼治精神，也拥有丰富的法治精神和法治文明。我们不能只看到中华文化的道德精神，而忽视了中华文明中的法治精神。比如春秋时期的管仲，不仅是大政治家、大军事家，而且是一位伟大的思想家、法学家。仅就法治方面而言，他的许多见解至今仍然熠熠生辉。比如他主张法治，全国上下贵贱都要守法，赏罚功过都要以法办事；国家治理的好与坏，根本在于能否以法治国。管仲的重法思想，《管子》中论及法治的文字非常多，而又集中体现在《任法》一文里。所谓"任"者，凭也，即法律是君王身价轻重和治国理政的基本依靠，正是"令重则君尊"、"令轻则君卑"的本质所在。管仲把法的作用看得如此之重，论述如此深刻，并在

---

① 参见《习近平主席在纪念孔子诞辰 2565 周年国际学术研讨会暨国际儒学联合会第五届会员大会开幕会上的讲话》，人民网，2014 年 9 月 25 日。

九　走向共享：实现中华民族伟大复兴的必然使命

实践中加以落实，开创了中国古代法治思想的先河，为今天的"法治中国"提供了法治实践和法治文明的重要源头。所以，我认为，中国并不缺乏法治传统，法治传统还相当久远，我们更需要的是发扬法治传统，更好地推动法治及法治精神在当代中国的发展与进步。

　　同时，我们还要清楚地看到，中华文明中其他思想也非常丰富，现代许多思想都能从那里找到源头。比如古代的市场经济精神，典型代表是老子主张的"无为"、"有为"和"为无为，则无不治"等，这些思想里就包含了政府如何监管市场经济的方式和方法问题。又比如纵横家的外交精神。纵横家出现在战国后期。那时候，神州大地，群雄相争，各国之间除了用武力征战外，还大力展开外交、政治攻势，纵横家也就应运而生了。他们根据实际需要定其取舍，既用儒，也用道，构成了历史上所谓的一纵一横，为处理国与国之间的外交事务创造了丰富的传统与文明。当时最著名的两个纵横家是苏秦与张仪，司马迁在《史记》里专门写下了他们合纵连横的思想和故事，等等。这一切都在说明，中华文明是全人类一个取之不尽、用之不竭的伟大的思想宝库。

　　多少年里，我到过国内许多大城市，也多次到过香港、澳门、台湾等地，所到之处给我印象最深的还是那里的文化特色，特别是与中华文化传统密切相关的地方文化，其中北京、台北、南京、深圳、长沙等城市又是我多次讲学和学习的地方，更是让我深思不已。我总觉得，一个地方有文化才有真特色，有文化才会让人流连忘返，有文化的融合才会更好地发展，才会更加可敬可爱。

一是北京。从20世纪90年代开始，我就长期生活在北京。北京首先是中国政治、经济、文化的象征。毫无夸张地说，北京是世界上最古老的文明名城中少见的仍然生机勃勃的特大都市，特别是以故宫为典型代表的中华文明特征和基本元素，与周围融入了西方现代文明元素的国家大剧院、东方新城等，相互映衬，更加显示中华文化与外来文明之间的统合与和谐。比较而言，同样古老的古埃及、古巴比伦、古印度时期留下来的文化名城，早就消沉了往日的辉煌，至少已经失去了世界上的典型意义。只有在北京，人们仍然可以体味出中华文明的历史魅力与现实活力。你看，北京的城市建筑始终遵循着四大原则，即辨正方位、注重风水、讲求对称、突出中心。北京从当年建城开始，数百年来一直遵循着这些原则，并且以这些原则为基础，在历经了辽、金、元、明、清五代近一千年之后，北京的历史文化明显地展现出三大重要层次：一是农耕文化和牧猎文化的撞击与融会，二是京师文化和地区文化的辐辏与辐射，三是中华文化与外来文化的排斥与吸纳。站在国际视域上看，这些文化特色既坚持了传统，坚

九 走向共享:实现中华民族伟大复兴的必然使命

持了自我,又没有故步自封,自我沉醉,造就了北京开放、包容的国际形象。比如,2014年北京APEC会议领导人的特色中式服装,既是中国文化精神的表达,也凸显出了中华文化深厚的文化底蕴与世界现代服饰元素,更表达出了一种中国当代的国家精神和崭新的国家面貌,让人一眼就看出,既是中国的,也是世界的。正是这种方正的本性追求与融合不同文明的勇气与自信,决定了中国是一个追求和平与大同的现代大国。大同理想是中国两千多年前的老子、孔子们就提出来的伟大构想,一直是中国人民的伟大追求。所以,有一天中国崛起了、强大了,也永远不会对世界产生威胁,永远是维护世界和平发展的坚强力量。这是中国的禀性。我们要不断地向国际社会讲清中国的这个禀性。正如习近平主席所说的:"中国将坚定不移走和平发展道路。走和平发展道路是中国根据时代发展潮流和自身根本利益做出的战略抉择。中国人民崇尚'己所不欲,勿施于人'。中国不认同'国强必霸论',中国人的血脉中没有称王称霸、穷兵黩武的基因。"[①] 中国人没有这种"称王称霸、穷兵黩武的基因",但拥有"大同"的

---

① 2014年6月28日,"和平共处五项原则"发表60周年纪念大会在人民大会堂隆重举行。国家主席习近平出席大会并发表题为《弘扬和平共处五项原则建设合作共赢美好世界》的主旨讲话。习近平主席在讲话中提出了新形势下更好地发扬"和平共处五项原则"的六点看法。新华网,2014年6月28日。

让资本走向共享

禀性或者说基因,而且表现在许多方面。比如以北京文化为核心的中华文化所蕴藏的包容精神、求同存异精神、共同发展与进步的追求等,都浸润着这种不变的基因。实际上,国际社会也已经从中国文化中认识到这些了。比如西班牙的伊万就认为:"漫长的历史证明,中华民族是爱好和平的民族,和平与和谐扎根在中国人民的精神世界。中国当前正在走的和平发展道路就是与这种'和为贵'的文化一脉相承的。"美国乔治·梅森大学孔子学院美方院长就曾表示:不同于西方价值观,中华文明提倡以人为本、天人合一,既是缓和人与自然矛盾的途径,也为处理国际问题提供了新的思路。中华文化在全球范围的推广和发扬,必将对人类文明在未来健康可持续发展做出重要贡献。[1]这又让我想到,2014年11月8日习近平主席向世界宣布的一件事:中国将出资400亿美元成立丝路基金。丝路基金是一个开放的基金,是亚洲域内外的投资者共同参与的基金,将为丝路沿线国基础设施建设、资源开发、产业合作等有关项目提供投融资支持[2]。

---

[1] 参见《国际社会对"习大大谈孔子"的几大猜想》一文,人民网,2014年9月26日。

[2] 据中新网北京2014年11月8日电:中国国家主席习近平在"加强互联互通伙伴关系对话会"上宣布,中国将出资400亿美元成立丝路基金。习近平主席强调,共同建设丝绸之路经济带和21世纪海上丝绸之路与互联互通相融相近、相辅相成。如果将"一带一路"比喻为亚洲腾飞的两只翅膀,那么互联互通就是两只翅膀的血脉经络。

九 走向共享:实现中华民族伟大复兴的必然使命

也就是说,丝路基金是一只共享基金,服务的是沿线各国,维护的是世界和平与发展,共享的是世界和平与发展。我认为,这就是北京,就是今天伟大复兴过程中的中华文化的重要体现!

二是台北。以台北为中心的台湾地区和大陆有一个共同的祖宗,那就是中华文化。每次到台湾,总让我感觉到一种浓厚的中国文化传统,让我看到资本走向共享的光芒,而台湾的慈济基金会就是一个典型代表。2014年10月初,我去了一次台湾。这是我第二次去台湾,也是去讲学。每一次到台湾,我都能感受到非常浓厚的中国文化传统,这一点更值得大陆学习。我们追求的社会目的不是均贫,也不是平均主义,而是均富,这一点在今天的台湾地区也体现得比较好。记得小平同志当年说过,大陆应该借鉴和学习台湾的经验。这一次从台湾考察回来,我有两点深切的感受:第一,台湾的第三部门发展水平很高。我想,这有两个原因,一是台湾有很好的教育基础,文化素质普遍比较高,这就为第三部门的迅速发展提供了基本条件;二是近年来台湾的第二部门有些衰退了,社会缺乏大思想的人物,企业缺乏大创新人物、大领军人物,台湾又缺乏大市场,经济上存在的问题也就是客观存在的了。这一点,台湾很多人没有看清楚,他们只是在总结经验,说第三部门如何好、社会企业如何发达、公民社会如何成功等，就是没有想到第二部门衰退了，才是第三部门发展的一个很重要的原因。第二部门衰退了，经济也就难有多大起色了。第二，台湾的公民社会建设对大陆应该有启示。当然，目前的台湾有台湾的体制特点，这是台湾公民社会的政治、社会基础。值得深思的是，我们既然承认我们是公民，我们的社会建设又怎么离得开公民社会呢？我们有自己的文明基础与法制基础，就应当有我们自己的公民社会特点，而且讲清楚，我们要建设的公民社会不是照搬西方那种公民社会。正如民主并不是西方独有的文明，中国有自己的民主历史与民主方式，比如协商民主。中国也有中国的宪政方式，比如中国的"依宪执政"、"依宪执法"，就不同于西方的"一人一票"宪政方式。就人类文明来说，民主、宪政等都是好东西，但具体的方式与方法，不同的民族、不同的文明基础，自然有不同的具体方式。所以，今天台湾的公民社会有中华文明的基础，也不是西方那样的公民社会。我觉得，建设中国特色的公民社会，一定要坚持两个原则：一是以中国文化、法律为基础；二是有利于推动均富社会建设、有利于推动共享的发展目标。有了这样的原则，我们的公民社会建设自然不会失去方向。

还有一个很重要的感受是，台湾目前实行的是资本主义体制，同时又保留了中华民族的传统文化特点，台湾运

九 走向共享：实现中华民族伟大复兴的必然使命

用资本、发挥资本作用的经验，对大陆推动资本服务经济社会发展具有积极的借鉴意义。大陆拥有巨大的、活跃的、持续发展的市场，这是世界上任何一个国家或地区都无法想象的，不仅对世界资本流动创造了条件，当然也为台湾的资本投资大陆提供了良好的机会。同时，大陆高度重视资本的价值，不但拥有资本，而且更加积极地发展资本，中华民族的传统文明特征一定会随着大陆资本的广泛流动，影响到世界不同的地方，与不同的文明相互交流。在这方面，台湾应当拥有更多好的经验。特别是 2008 年世界金融危机以来，世界经济形势发生了重大变化，资本主义经济社会发展遇到了严重的信仰危机，尤其是西方极端个人主义、自由主义等必须重新回答西方现实问题。在这种情况下，拥有丰富文明资源的中华传统文明无疑为解决世界经济社会发展所面临的困境，提供了更加广泛的视角与文化基础。我认为，中华民族所拥有的巨大市场是发展的重要机遇，中华民族的传统文明又到了登上世界舞台的时候了。就像我前面所说的那样，当今世界又到了东方智慧大显身手的时候了，这是大陆和台湾共同的使命。我同台湾的朋友们说，2013 年，我访问洛克菲勒兄弟基金会的时候，海因茨总裁说：我们这个基金会就是按照您说的资本精神去做的，而资本精神这个概念是由一个东方人提出来的，他们感到很钦佩。这从一个很小的方面说明，东

让资本走向共享

方智慧在人类历史的这个发展阶段是能够发挥作用的，也是应该发挥作用的。所以，台湾的朋友们，让我们一起努力，让资本走向共享，让中华文明在资本走向共享的过程中发扬光大。这既是时代的潮流，也是时代赋予中华民族的一个使命！

三是南京。南京是我去过多次的大都市。前不久，我去南京大学讲学，再一次谈到了"让资本走向共享"。我觉得，在南京讲这个主题，别有一番深意。我们知道，南京是一座历史文化名城，有着一脉相传的历史文化积淀和丰富浓厚的文化底蕴。公元前472年，越王勾践灭吴后，历经东吴、东晋、宋、齐、梁、陈，还有南唐、明初、清末的太平天国和中华民国等，先后定都南京，共有54位帝王、元首在位，建都历时447年。南京还是中国近代史的起点和终结，没有任何一个城市能够这样清晰地展现中国近代历史的沧桑变化。作为"六朝古都""十朝都城"，南京文化无疑是灿烂的，特别是由于历史上战争、政治等因素造成的大规模的人口变动，不同地域文化的人在南京混合，促成了本地文化与外来文化融合的气度。同时，南京由于历代政权频繁更迭，使得南京在文化上产生不了西安汉唐时期及北京明清时期所出现的盛世文化，但也正是这种偏安王朝的文化特色，形成了南京与其他古都的不同之处，宫廷文化和市井文化在这里相互补充，形成了凝重而又不古板的文化形态。而且，南京的古城墙、

九 走向共享：实现中华民族伟大复兴的必然使命

秦淮河、夫子庙和总统府等都写满了故事。今天，南京已经发展成为既有"六朝古都"的传统神韵，更有现代都市文明气象的文化名城了。面对南京丰富灿烂的历史文化，我想说的是，南京是孙中山先生当年高举"共和"大旗的地方。1911年12月29日，来自全国十七省的代表在南京选举中华民国临时大总统，每省一票，孙中山以十六票当选临时大总统，开始了他治理中华民国的政治生涯。后来的事实证明，孙中山先生基本上是把西方的那一套东西搬到中国来，那是行不通的，自然没有成功。就像当年洪秀全从西方请来了上帝，改名为"拜上帝教"，太平天国定都南京后，洪秀全便自己打扮成上帝，革命也就随之失败了。西方救不了中国。到了蒋介石，仍然走西方道路，在南京待了几十年后，不得不接受兵败如山倒的事实而退居台湾。毛泽东把德国的马克思主义请进来之后，与中国具体的现实相结合，革命成功了，而且是一个伟大的成功。后来虽然出现了一些挫折和困难，那却是另外的问题了。到了邓小平时代，打开国门，全面推进改革开放，让一部分人先富起来再带动多数人富裕。没想到的是，一少部分人富起来以后，就跑到国外去了。经济上去，生活富裕了，思想、理想或者说道德、精神出了问题，这也是不好的事。所以，站在南京的历史文化基础上，我思考得更多的是，面对世界发展变化的现实和中国的特点，我们的

让资本走向共享

发展确实是"老路"也不能走,"邪路"也不能走①。那么,走一条什么样的路呢?那就是中国特色的社会主义道路,一条民主与法制的路,一条走向共享的路,一条既不是均平,也不是平均的均富之路。我们对此应该充满期待和信心。也就是说,南京更让我们看到了让资本走向共享的历史必然性与现实紧迫性。历史照进现实,我们对现实才看得更加清楚。

四是深圳。20世纪80年代初,我到过深圳,那时的深圳还只是热闹的建筑工地。三十多年来,深圳已经形成了自己独特的、具有创造性的文化特色。一方面,深圳是一个资本高度发达的城市,资本在推动城市迅速发展的同时,更让人们认识到了资本的价值与意义,比更多的城市提前思考资本往哪里发展最有利于人们的生活,从而让资本创造的财富发挥更大的作用。另一方面,深圳在创新求异上很有特点。可以说,深圳是我国新文化现象的重要发源地,深圳不断提出的超前的、崭新的观念,一直呼唤和

---

① 习近平总书记在中国共产党的十八大报告中明确指出:"我们既不走封闭僵化的老路,也不走改旗易帜的邪路。"我的理解是,所谓封闭僵化的老路就是指改革开放前的传统社会主义路子,当然也包括苏联模式社会主义的路子。改旗易帜的邪路应当主要是指两个方面:一是那种完全放弃社会主义的旗帜,走资本主义的路子。二是指我们不能照搬现在一些西方由社会民主党执政的发达国家所主张的民主社会主义道路,这条路不适合中国国情。所以,我们只能走中国特色社会主义道路,这是中国共产党和中国人民经过长期实践探索出来的正确道路。

九 走向共享：实现中华民族伟大复兴的必然使命

推动着中国的改革开放向前发展。同时，深圳又是一个兼收并蓄的城市。深圳不仅能让人们感受到西方文化的影响和港台文化的渗透，更能让人感受到中原文化的浸润和岭南文化的承传，形成了中西方文化展示的"大舞台"。深圳还有一个特点，坚持以大众为先，既关注人们的世俗生活，也关注大众的精神生活，体现出了浓郁的平民文化色彩。正是这些特色使深圳更加体会到了思想的力量和法治的力量，更能理解思想现代化是一切现代化的灵魂、法治现代化是一切现代化的基础。

所以，我曾经在深圳"慈展会"上说，深圳是最能让人感受到"让公益引导投资，让投资追求公益"的城市，特别能够在理念创新、制度创新、方式创新上率先突破的城市。我总觉得，深圳的天是蓝蓝的，公益与投资在这里结合是最有条件的。深圳在投资方面已经是先试先行的楷模，在公益方面又走在全国的前列，那么在两者结合方面更有条件探索出一条新的路子，为全国人民乃至全球人民引路。当然，公益慈善要取得新的突破，需要在慈善法等方面取得突破。与此同时，一系列慈善规则，也需要我们去探索。我认为，深圳能否先通过地方立法的形式做一部分试点，为全局性的突破探好路呢？比如在社会影响力投资方面，我觉得有几点完全可以在深圳先试先行。首先是慈善理念的创新，我们和国际的

让资本走向共享

距离并不远,我们可以先在慈善理念上同国际接轨。第二是政策支持,比如说对养老事业、残疾人事业的社会贷款问题,政府出台一些积极的措施。第三是加强社会影响力投资平台建设,特别是交易平台的建设,比如在深圳设立相应的社会影响力投资交易所等。同时,加强慈善人才培训,现在要找到真正懂公益又懂投资的两栖人才真是不容易,需要我们加大培训工作的力度。总之,我认为,深圳是最能让人们看到资本走向共享的城市,因为它不仅有资本基础、财富基础,还拥有资本精神和慈善精神。如果深圳在未来的发展中真正体现出了让资本走向共享的社会追求,那么,深圳将成为地球上最宜居、最温暖的现代大都市。

还有一个城市就是长沙。长沙也是一个文化历史名城。现在的长沙已经被现代气息遮住了几乎所有的传统文明,除了城南一隅的古楼台"天心阁"让人感慨往日的文明遗迹,就很难看到别的大型古文明遗存了。所以让我最想说的是,今天萦绕在长沙土地上的湖湘文化最需要用资本精神去推动转型了。文明有遗存,文明更在现实生活里,更在人们的心里。湖南是我的家乡,我是受湖湘文化影响长大的。尽管我后来走南闯北、东西游学,接触到了丰富的文明形态,也接受了异域文明的许多启示,但我骨子里仍然是湖湘文化的血脉,那一片山水总是我不变的心

九 走向共享：实现中华民族伟大复兴的必然使命

结。这不是守旧。我追求开放、融合与整合，只是越打开思想的门，越看到传统的重要，越要去寻找现实世界与传统文明的结合点。我觉得，只有这样，我们才能与世界同行，甚至在许多方面走到世界的前面。所以，今天我们既要敬重湖湘文化孕育的一代又一代湖湘人，又要面对变化了的现实世界，认真地反思一下我们的湖湘文化。那么，我们先来看看湖湘文化是什么。湖湘文化的基本精神就是正义尚武、经世致用、自强不息。其历史发展是以炎舜文化和楚文化作为源头，形成于两宋，发展于明清，是宋明理学的重要组成部分。湖湘文化应该是最具有地方特色的文化。湖湘文化的创始人几乎都不是湖南人，但是成大器的多数是湖南人，这些代表人物都是大家耳熟能详的。例如宋代的周敦颐，明清的王船山、曾国藩、左宗棠，近代的黄兴、蔡锷、毛泽东、刘少奇等。所以，我把湖湘文化分三个阶段，一个是保天下阶段，这个阶段主要使用的是道德武器；第二个阶段是夺天下阶段，这个时候是种革命文化；第三个阶段是和天下阶段，需要的则应该是发展文化了。我认为，由道德文化转化成革命文化，这一转化非常靓丽、非常成功，但是由革命文化转身到发展文化，我个人感觉现在这个任务还远没有完成。但是不管是处在一个什么阶段，湖湘文化它都有一个基本精神，这就是天下观。所以湖湘文化在当下当然需要。同时，湖湘文化必须承担历史责任。湖湘文化有三大优势，一是极强的超越性，二是极强的实践性，三是极强的创新性。这种超越性是超越地域、超越民族乃至生命的一种追求；实践性就是干事要干净利索；创新性，即每个人都有自己的想法，都能有自己的创造。比如在过去革命战争时候，毛泽东、刘少奇、贺龙、彭德怀等，每个人都能在各自的方面有重大的创新。新中国成立以后，湖南出了很多元帅、将军，就充分论证了这三大优势。现在时代不同了，但这个时代仍需要湖湘文化。当然，湖湘文化要适应这个时代，必须实现转型和重塑。

那么，什么是促进湖湘文化转型的工具？我认为，应该有一个重要的工具，那就是资本精神。湖湘文化的目标又是什么呢？我认为是走向共享。改革开放30年以来，我们的经济取得了巨大的成就，湖湘文化也不能老是陶醉在过去的成就中，要跟上社会的发展，进行转型。至于转型的方法，我觉得要重市场，轻官场；重协商，轻革命，轻斗争；重规则，轻霸蛮；重行动，轻口号。为此，我对湖湘文化的未来提出了两大畅想：一是让湖湘文化成为中华民族新时代交响乐曲中的最强音之一；二是造就一代又一代具有资本精神的新湖南人。这样的湖南人，既包括在国内、在世界的湖南人，也包括在湖南的全国人民和世界人民。转型以后的湖湘文化培养出

九 走向共享：实现中华民族伟大复兴的必然使命

来的新湖南人，极有可能成为实现"中国梦"的主角，极有可能成为宋代大理学家张载所期待的那种"为天地立心，为生民立命，为往圣继绝学，为万世开太平"的人。

最后我想说的是，实现民族伟大复兴需要年轻人的英雄热血、智慧才干和坚决行动。2012年2月12日，我应中国扶贫基金会之邀，为2012新长城自强之旅冬令营作了题为《慈善创造未来》的主题报告，在座的是来自全国100多所高校的自强社的社长们。我从"中华民族到了最需要慈善的时候"、"民间呼唤精英回归"和"你的未来不是梦"三个问题出发，与大家分享了我对中国慈善事业现状、未来发展趋势以及慈善对经济社会全面发展战略价值的看法，呼吁我们广大青年学子投身到社会发展的实践中来，投身到现代慈善活动中，共同开创和实现炎黄子孙共同的"中国梦"。我始终认为，我们的慈善事业同样需要当代年轻人的共同参与和推动。2014年9月，我在北京师范大学"京师公益讲堂"演讲时，有一位同学问我说：当代大学生应该怎么为慈善事业做一些贡献？我说，我们首先应该充分肯定大学生做慈善事业的热情。对公益怀有热情和意愿非常重要，做公益需要这样一种态度。过去，我对这一点了解得不够。近年来参加了几次大的公益慈善活动，特别是第三届深圳"慈善会"，几百名大学生志愿者在那里服务，安排得井井有条，我真切地感受到了他们身上那一种志愿精神、服务精神、奉献精神。华民慈善基金会的志愿者队伍也越来越大，每年加入的志愿者越来越多，有在校大学生，也有参加工作了的大学毕业生。我觉得，从整体上看，我们年轻一代负有强烈的公益精神。但是，我们也必须看到，80后、90后中间有一种思潮，不太那么在乎集体的事情，不太关心大部分人的事情，比较强调个性化的东西，或者说更多地在乎个人的诉求。当然，重视个人或者说看重个人感受本身并没有什么错，但如果过分加以强调，特别是把个人的诉求推到极致，甚至认为坚持个人主义是一种特别的美德时，就会出现问题了。年轻一代有独立性、有个性，是一件好事。同时，也必须要清醒的是，我们生活在一个共同的社会，一个共同的地球，周围的资源是有限的，只有走向共享，才是我们最好的选择。青年决定未来，青年好，社会才会好，未来才会好。所以，年轻人应该更加积极地参与到现实的公益慈善中来。华民慈善基金会6年来一直在援助解决全国70多所大学的一部分特困毕业生的就业，一是在用我们的慈善活动援助需要援助的年轻人，二是希望通过我们的慈善活动传递社会的爱心，期待受助的大学毕业生一旦有能力时，再传播这一份爱心，共享我们的爱心、共享社会的关怀。此外，我们别无所求，连受助毕业生的感谢信也婉言

九 走向共享：实现中华民族伟大复兴的必然使命

谢绝①。我们相信，优良的传统才是长久的，民族的才是世界的，青年强才会国家强。我想，我们青年人面对当代世界风云变幻，一定要既关心现代经济社会发展的资本原则与多数人原则，更要用炽热的爱心投入到当前中华民族伟大复兴的实践之中，我们拥有的无疑是中华民族最美好的明天！所以，我们始终对年轻一代充满信心，我们年轻一代在五千年伟大文明的照耀下，一定会为全球走向共享做出自己积极的贡献！

---

① 据华民慈善基金会年报公告，截至2014年10月，华民慈善基金会大学生就业扶助项目已经累计投入13580万元人民币，先后在全国70所高校，资助了30160名大学毕业生；为65500多名大学毕业生提供了包括求职规划、求职礼仪、求职心理、求职文书、职业素养、主动求职、企业招聘指南、面试指导等一系列就业能力提升培训，并在此基础上通过与专业志愿者合作，共同为贫困大学生提供个性化的就业指导和服务，提升大学生就业扶助的水平和成效。特别是在就业扶助对象确定后，通过面授、电话、网络等多种形式，为有需要的扶助对象提供个性化就业服务，包括但不限于就业形势分析、求职规划设计、简历面试指导、实习就业推荐、工作机会选择等，全程指导扶助对象求职，形成了以爱心传递的火炬手为核心的项目理念，成为独具特色的现代慈善项目品牌和项目操作模式，达到了项目设计的预期目标和效果，得到了国家有关职能部门和社会各方面的好评和认可。

十　结束语

　　说到这里，我应当给出一个基本的结语了。我认为，资本与人类同生存，共发展，资本精神则是人类独特的价值取向，从而形成和丰富了资本文明。资本才是创造财富的源头，让资本创造的财富为大多数人服务是资本精神的最好体现，现代慈善是一个最好的通道。因此，我相信，让资本走向共享是当今人类社会发展的一种必然趋势，无论是资本主义还是社会主义，都会在共享的趋势里找到融合，找到最大公约数，从而推动人类文明的发展与进步。在可以预见的时期里，这可以说是一个公理。因为在相当长的时期里，在资本与多数人两大推手的作用下，资本主义和社会主义尽管会出现新的摩擦，甚至对立，但也可能只会这么发展，没有别的发展，即使有别的发展也需要一个更加漫长的过程。不管怎么样，资本与多数人日益结合，资本走向共享的趋势不会改变，只会越来越强烈。在这个伟大的文明进程中，全球慈善交流与合作是一支重要

十　结束语

的推动力量和最美好的声音。

我们相信，资本仍将主导经济社会的发展，资本的作用和地位只会加强，不会减弱。重要的是，我们更加清醒地把握资本的本质属性，让掌握资本的人积极向"善"，从而让资本表现出更多的"善"，而不是"恶"。

同时，资本所产生的财富仍然快速增长。快速拥有巨额财富的人会更多。如何对待财富分配问题，以及如何正确处理由此而产生的贫富悬殊问题，不仅是经济问题，而且越来越表现为一种政治选择和社会拷问。我们不仅要把资本精神发扬光大，通过发展现代慈善等方式，不断提高全社会的道德精神与道德品质，而且要通过完善社会法治体系，去规范和保障社会的公平与正义。所以，无论东方还是西方，全社会都应当弘扬资本精神，让资本精神在现实经济社会发展中真正发挥"发展作用"和"平衡作用"，让资本所创造的财富依法、有序、德性地走向共享，那么，我们的世界才会是一个充满公平正义、民主法制、幸福快乐的社会，全人类的未来才会是一个和平、美好而温暖的天下！

从目前的社会制度设计和发展目标追求上看，中国是世界上正在走向共享的大国。中国虽然还不富裕，人均收入还相对较低，改革发展过程中还面临许多困难和问题，但随着中国资本发展、社会进步，特别是随着中国特色社会主义市

让资本走向共享

场经济体系的日益完善，中国一定会始终坚持资本和多数人原则，中国有勇气、有智慧、有能力正视和克服前进中的困难，在融合东西方优秀文明的基础上开拓创新，一定能为促进全球共同走向共享创造更多、更好的成功经验[①]！共享是中国发展的旗帜，也将是世界发展的旗帜。

对此，我相信，也更加充满期待，并将为让资本走向共享而不懈努力！

[①] 新华网2014年11月15日电，国家主席习近平15日在澳大利亚布里斯班举行的二十国集团领导人第九次峰会第一阶段会议上作了题为《推动创新发展 实现联动增长》的发言。习近平指出："中国经济增长是世界经济增长的重要动力。根据国际组织测算，中国是二十国集团全面增长战略的最大贡献者之一。这样的贡献，源自中国自身稳增长、调结构、促改革、惠民生的政策措施。中国向二十国集团提交的增长战略包括了134项这样的政策措施，充分展示了中国以改革促增长的决心、理念和行动。"同时，强调指出，"中国经济将继续保持强劲、可持续、平衡增长势头，每年增量相当于贡献了一个中等发达国家的经济规模。未来5年，我们将进口超过10万亿美元商品，对外投资超过5000亿美元。这些将为世界经济提供更多需求，创造更多市场机遇、投资机遇、增长机遇。作为2016年二十国集团领导人峰会主办国，中国愿意为推动世界经济增长做出更大贡献、发挥更大作用。"最后明确指出"独行快，众行远。面对世界经济面临的各种风险和挑战，二十国集团成员要树立利益共同体和命运共同体意识，坚持做好朋友、好伙伴，积极协调宏观经济政策，努力形成各国增长相互促进、相得益彰的合作共赢格局。我们要通过这样的努力，让二十国集团走得更好更远，真正成为世界经济的稳定器、全球增长的催化器、全球经济治理的推进器，更好造福各国人民。"显然，这已经是明确的全球共享思想。我认为，追求共商、共对与共享，已经成为促进世界经济发展的"中国方案"中的核心价值之一。参阅《习近平在二十国集团领导人第九次峰会第一阶段会议上的发言》，新华网，2014年11月15日。

附 录

中美慈善交流与合作之战略思考

——在洛克菲勒庄园等地的会谈纪要

（2014年4月19日）

引 言

受洛克菲勒家族基金会等几家机构的邀请，华民慈善基金会一行四人于4月12日至15日对美国进行了历时三天半的访问。我们先后访问了三个地方，一是罗格斯大学，这是我们的合作伙伴、合作单位；二是洛克菲勒庄园，在这里参加了洛克菲勒家族召开的慈善国际会议；三是福特基金会，也是我们的老朋友。

到访罗格斯大学时，校长巴持博士不在，委托常务副校长爱德华兹博士出面接待。我们在罗格斯大学参加了三项活动：一是与华民研究中心的学子们进行了交流；二是与罗格斯大学的常务副校长等进行了会谈，就中国现代慈善以及华民慈善基金会与罗格斯大学华民研究中心的合作进行了探讨；三是与罗格斯大学负责人及相关学者以共进晚餐的形式，展开了一场热烈的研讨会，讨论了中国慈善与美国慈善的相同与不同之处，可以互相借鉴的地方，探讨了如何推动中美慈善转型问题、如何反思中美慈善文化问题等。还从慈善出发，讨论了中美两国的政治、经济、社会领域的许多问题，以及全球治理等问题，主客坦诚，客观理性，畅所欲言，收获很大。

在洛克菲勒庄园，前后待了两天时间。洛克菲勒庄园处于纽约州威切斯特区哈德逊河的河岸边，非常美丽神圣而又充满传奇。现在的庄园占地面积是3000多英亩。实际上大庄园占地300多公顷，其中大量土地已经交给洛克菲勒基金会。洛克菲勒庄园现在的掌门人，也是这次国际会议的召集人。他告诉我们，第三代洛克菲勒掌门人若干年后也会把这几百多英亩的土地交给基金会。参加这次洛克菲勒庄园会议的有慈善家、企业家、社会学家、经济学家、政治学家等，有美国人，也有非洲、拉丁美洲的人，还有几位中国人。大家就许多问题，特别是就中美传统慈善、中美现代慈善、中美家族慈善以及中美之间的合作与发展等问题，进行了广泛深入的交流与探讨，我的感受非常深刻。总体上说，这是一个专家和富人交流思想的闭门座谈会，一个跨界跨国的广泛讨论全球慈善及其政治、经济、文化发展等问题，并且非常有价值、有意义的座谈会。

在福特基金会交流的时间不长。但是，几个小时里我们会见了福特基金会的会长、副会长和负责中国事务的官员，并就福特基金会在中国的一些项目，包括未来可能与华民慈善基金会的合作等事项，进行了深入的探讨。福特基金会是一家在全球通过项目推广价值观的基金会，有鲜明的价值观诉求。我们的交流非常深入，达成了很多共识。

这次访美交流，我们感受到：加强与美国的学校、基金会特别是大基金会的交流，对中国公益慈善事业与基金会事业的发展大有益处。这些高校和基金会，在某种意义上也是美国发展的民间智库。这些民间智库的运行，在美国和国际事务中都发挥着特定作用。

以下几个方面，则是我几天座谈与思考的主要内容。

一、中美慈善的基础

这是一个非常重要的问题，重点是要加强中美两国慈善文化与慈善体系的比较研究，更好地促进中美慈善交流与合作。反过来讲，我们探讨中美慈善交流与合作，必须了解和掌握中美慈善的历史现状，要搞清楚中美慈善分别是建立在什么样的体系或基础之上的。只有了解中美慈善的过去和现在，才能定位和展望未来。换句话说，探讨和解决中美慈善的若干重大问题，必须在客观理性的时空观下进行。尽管我专职从事慈善活动的时间并不长，只有六年时间，但这六年来，我对慈善事业有了更深刻的体会和感悟。中美慈善事业的基础，可以从三个方面来认识：

(一) 历史文化背景

中国慈善事业拥有很好的思想文化基础，尽管也存在许多缺陷或问题。从历史上看，中国慈善事业建立在中国特定的思想文化基础之上，形成了独特的运行体系。春秋战国时期，中国就产生了"井田制"这种农业生产模式。什么叫"井田制"？一块井田，中间那块地是公田，旁边的则是私田。而且，私田也不是永久的私田，男丁到了60岁后，如果他有儿子，就转到儿子名下；如果没有儿子，就转为公家所有，再分配给别人耕种。所以，这样的私有制实质上是公有制。后来，随着生产力水平的提高，人口的增加，"井田制"没有成熟发展就瓦解了，土地问题和矛盾变得日益突出，人们围绕土地问题展开长期而复杂的斗争。最典型的特征是，土地一下被聚集起来，一下又被分散开来。具体来说就是，地主阶级形成后，尽管已经占有了大量土地，但是仍然不断地把农民手里的土地集中到自己手里，最后导致广大农民失去土地，失去生存的基础，迫使农民不得不为生存而发动农民起义。这种土地的分散与集合，直接导致了中国社会矛盾不断循环演变，一次又一次反复，结果使中国社会长期在农业社会之中挣扎，始终跳不出"土地"这个圈子。这就是说，传统的公有制没有得到合理的发展，成熟的私有制又没有建立起来，同时传统的公有制又一直是人们追求和向往的制度，这种矛盾相互作用，使得中国社会长期围绕最能体现公有制特征的土地制度而斗争，并使中国社会不断处在一种发展、动荡、再发展、再动荡的恶性循环之中。尽管如此，我们必须看到的是，中国社会总体思想是主张共享的，追求的是公共所有。这是中国人的文化基因，或者说是中国人基本的价值取向。

西方人的价值取向就不一样。西方人从古希腊古罗马开始就强调个人所有，希望通过所有制的清晰化来推动个人的创造力、个人的发展精神。经过两千多年的历史演变，西方建立了一套很成熟、很完善的私有制体系。西方慈善就建立在这种相当完善的私有制基础之上。

所以，中国慈善和西方慈善，他们基础是不同的。中国慈善是以公有制为思想基础的慈善,公有制是基本的价值观。西方慈善则建立在相当完善的私有制基础之上。当然,无论是中国慈善的公有制思想,还是西方慈善的私有制基础,都不是纯粹的。中国人讲公有的时候,也伴随着私产制发展;西方人讲私产的时候,也伴随着公有体系的成长,所谓私有制、公有制都不是纯而又纯的。

在这个认识基础上,我们再来看中国慈善和西方慈善,特别是美国慈善,就可以看得很清楚了。中国慈善试图通过一种方式,召唤大多数人起来共同参与慈善活动。西方慈善虽然也召唤大家共同来参与,但是最重要的则是富人及其家族在发挥作用。二十世纪五六十年代,毛泽东号召大家学习雷锋的时候,就是号召所有的人都来学习雷锋。那时候,雷锋作为一个中国人的楷模,极具普适性,适合所有人来学习。而且,中国人树立了这样一个大标杆,全国人民都会去学习。但是,西方人树立某个标杆,绝对不可能号召也很难号召全社会都来学习他,只能号召特定的某一类人来去学习他。比如说学洛克菲勒,所有的人去学,那是学不到的。怎么学?只能是洛克菲勒家族的人和像洛克菲勒那样的人去学习他。所以在西方,只能是一种类型树立一个标杆,不可能树立一个全国人民都能学的标杆。

所以,我们讲学习西方慈善,一定要比较分析东西方慈善不同的思想文化基础，弄清了不同的基础，再来研究相互学习的问题，我们就知道怎样去做了。

首先，应当明确的是，哪些普遍规律是我们都要共同遵守、共同学习的。比如慈善的制度化、专业性、透明度等，无论对西方来说，还是对东方来说，都是好东西，而且西方已经走在前面了。中国在建立现代慈善事业的过程中一定要好好学习。同时，我们必须明确的是，无论东方还是西方，有一些东西是没有学习基础的。比如中国人这种公有的文化基因，已经深入到中国人的血液、细胞之中，谁想改掉，让我们走到西方那种私有的文化体系之中，那是做不到的。足球是中国人发明的。足球本来是一个集体主义项目，按道理中国人应当很会踢足球。但是，现在中国人就是踢不好足球。于是有人说，中国人只能一个人做事，不能合作做事。我想，最根本的原因是，最近几十年来我们学习别人重视个性没有学好，又把自己的集体主义忘掉了；学了一些个性化的东西，又是一些极不成熟的个性化的东西，肯定就会不伦不类；我们把自己的传统文化忘掉了，去引进西方的个人主义文化，又简单地嫁接在一起，这怎么行呢？结果只能是，中国这个发明足球的国度，总是不会踢足球，屡战屡败。建设中国现代慈善一定要吸取这个教训。我们学习西方只能学习他们的慈善制度体系，学习他们的专业能力，学习他们怎么推动公信力、透明度建设,把他们好东西嫁接到中国集体主义思想文化基础上来,而不是学习他们的缺点。这才是中国现代慈善的出路所在。

慈善本来就和足球一样,是集体主义的、共享思想的载体。我们千万要吸取足球的教训。我们要跟我们传统的集体主义、共享思想对接,然后再学习西方制度化的慈善规范体系,推进中国现代慈善发展。只有这样,中国现代慈善才会被中国人所接受、所拥护,才不会出现足球那样的状态。这是慈善文化基础问题,是建立中国现代慈善的基础问题。我们既要明确学习什么,还要明确把学来的东西嫁接在什么基础之上。中国现代慈善要学习西方先进的东西,但必须嫁接在中国慈善思想文化基础之上。

(二)政治基础

翻开司马迁《史记》的第一篇《五帝本纪》,我们会发现中华民族的中央集权体制似乎是从黄帝开始就有苗头了。当然,正式确立君主专制中央集权的是秦始皇,直到1913年宣统皇帝颁布退位诏书,延续了2000多年。近代以来,我们经历了无数的战争、革命和运动,皇帝被彻底抛弃了,但大一统却成了中华民族的政治基因,怎么革命也革不掉。从原来的皇权制,到建国初期的计划经济,一直保持着大一统的惯性。大一统体制下,公益慈善的很多功能和职责是由庙堂或者说政府承担着，原来的庙堂主要是治理黄河，赈济遭受较大自然灾害的灾民等，而计划经济条件下，政府把老百姓的吃穿住行全都管起来了。改革开放以后，政府就开始逐步地放手，既激发了社会的活力，也减轻了政府的负担。我们相信中国的政府会进一步转变职能，但让中国政府变成欧洲政府或者美国政府，是不可能的，因为这不符合中国社会发展规律，也不符合大一统的逻辑。

相比较而言，西方文明从古希腊开始，就采取城邦制。到了罗马帝国时期，欧洲出现了横跨亚欧非的大帝国，但是欧洲从来没有实行过像中国这样严密的统一管理。为了进行有效统治，罗马帝国皇帝打起了宗教的主意，把基督教确定为国教，希望从意识形态上加强管理。结果呢，罗马帝国分为东西两个，西罗马帝国又被日耳曼人消灭，欧洲从此进入了漫长的中世纪。中世纪的欧洲，即使出现一定范围内的统一，也不长久，基本上处于一种小国寡民、诸侯割据的分裂状态。于是，才有了欧洲现在的这种国家格局。美国建国初期，国会连征税权都没有，职能有点像现在的联合国，是各州开会不断讨价还价，搞出来一部宪法，才有了美国现在的联邦政府。即使到了近现代，特别是罗斯福新政以前，美国的社会福利主要是由民间力量来承担的，美国一大批基金会或慈善机构就是在这种背景下涌现出来的,直到现在,美国大部分的慈善机构还是主要为社区或本地服务的。

(三)经济发展水平

美国是当今世界上最大的发达国家,而中国是最大的发展中国家。当前,中国经济发展过程中确实存在不少问题,比如经济结构亟须调整、贫富差距拉大、环境污染严重等等,但中国经济是充满活力的,发展前景是乐观的。中国政府和老百姓都没有否认中国经济发展存在问题,但个别人就此唱衰中国,就过于武断了。中国经济发展有着内在的特有优势,至少有这样三点:

第一,中国人民的智慧、勤劳和节俭。据说,中国人的智力水平与世界各民族是一致的。中国人的勤劳是全世界公认的,在国外的中国劳工,每天都工作十几个小时;而在国内的中国工人,只要给加班费,即使加班费达不到法定标准,他们也愿意加班加点工作。清明民初时,在欧洲的中国劳工夜以继日地工作,但欧洲人从未见过中国人在欧洲当地举行葬礼或追悼会什么的,就有欧洲人误以为,中国人是特殊材料制成的,他们死不了,所以就拼命工作。这当然是个笑话,但这从一个侧面反映中国人的勤劳甚至超出了西方人的想象。中国有句老话说,"新三年,旧三年,缝缝补补又三年",中国人就是能省就省,严监生临终前非得等家人捻灭多余的灯芯，才肯死去。这种节俭的观念和传统，导致中国居民始终保持着非常高的储蓄率，与欧美那种注重消费的生活方式完全不同。

第二，中国有一个庞大的正在开发的市场。19世纪初全世界人口规模还远不及今天的中国，这么庞大的潜在消费能力，将为中国经济提供无限的发展空间，而现在中国市场已经开发了一半，停下来是不可能的，就像人的欲望被调动起来了，是不可能再被抑制住的。

第三，中国实行中国共产党领导的多党合作制，中国共产党是执政党。这是非常有效率的体制。自古以来，中国的政治体制在抵御天灾和外敌入侵方面就有明显的优势，而这样的体制在市场经济的能力条件下，抵御和化解系统性风险的能力也是其他体制难以达到的。

改革开放三十多年来，中国经济的飞速发展正是得益于这三方面。只要给予自由，就很快繁荣起来，只要有了阳光就会灿烂。在执政党的领导下，中国市场经济必将加速发展。这是在中国建立现代慈善制度的经济基础。

二、家族慈善

中国的家族史远比美国家族史长得多，长了几千年。

中国最大的家族——孔子家族，现在已经到了第 80 代，孔子家谱已经载入吉尼斯世界纪录。中国人讲究家族史，又特别讲究族谱。现在很多家族都喜欢修族谱。这说明什么呢？中国人这样做，无非是希望家族作为社会的一种重要组织形式，在中国社会发展过程中承担更多的责任，发挥更大的作用。孔子家族就是中国第一伟大的家族，他们之所以能有这样的地位，与历代王朝的扶持是分不开的，而孔子家族也成为维护历代王朝合法性的重要象征。自古以来，大家族发展与政府关系非常密切，中国历代王朝都是采取家天下的统治模式，科举制在一定程度上也是皇权笼络社会精英家族的一种方式。在中国古代，家族的兴旺发达往往与皇权紧密联系在一起，名门望族与皇权的利益在根本上是一致的。如果说有冲突，主要体现在究竟哪个家族的人当皇帝上。而在美国，家族并不像中国古代那样完全依附于政府，比如洛克菲勒家族，既与政府互动，又有自己的独立性，强调家族对人类的责任、使命。通过这种责任、使命的灌输，家族成员团结在一起，形成了非常强大的战斗力、凝聚力。

为什么中国有大家族，却没有出现伟大的慈善家族呢？洛克菲勒家族可以给我们提供很好的启示。洛克菲勒家族现在应该是第六代了。我们中国改革开放后的第一代企业家，既要学习洛克菲勒家族第一代老洛克菲勒先生的创业精神、冒险精神以及努力创造财富的开拓进取精神，也要学习洛克菲勒家族后代们投身公益慈善，以公益慈善作为履行家族使命的道德平台，促使家族人才辈出，跳出"富不过三代"的怪圈。只有保持住家族成员的荣誉感和使命感，家族才不会衰败。

一个家族如果出现了伟大人物，无论是政治家、思想家、企业家还是科学家，他需要家族给他多少钱吗？他不需要钱。反过来讲，这样的伟大人物，给家族留下的应该是一种使命感和荣誉感，而不是什么金钱。任何一个家族不可能总有伟大人物出现，如果后代都是平凡人，那么留给他们太多的财富，根本起不到什么积极作用，反倒可能成了祸害。林则徐有句名言：子孙若如我，留钱做什么？贤而多财，财损其志；子孙不如我，留钱做什么？愚而多财，益增其过。洛克菲勒家族最伟大之处就是他开展了现代慈善，并以此来维系家族的生存、发展与壮大。他建立了若干个基金会，把家族财产用慈善的方式固定起来，回报给社会。他让家族所有的人，把家族慈善当作一个道德平台，同时又作为一个资本平台，不断地发展与壮大。我想，洛克菲勒家族可能会在某些方面得到某些优先权。这没有什么不好。如果你不是一个好的企业家，给你钱干什么呢？如果你是个好企业家，你得到某些优先权，又有什么不好呢？所以我想，洛克菲勒家族成员可能在家族平台上得到一些优先权，比如优先贷款，包括一些项目支持。但是，如果你在家族中只是一个普通人，不会做太多的事，至少也可以在家族慈善机构里得到一份工作，其结果是保证这个家族的长盛不衰。目前，中国人不太懂这一点，或者说懂的人不多。牛根生先生是懂的，我也开始懂了。

问题是，中国家族有漫长的历史，为什么没有产生洛克菲勒这样伟大的慈善家呢？原因在哪里呢？我想来想去，最根本的是我们对资本的理解不正确。中国长期处于农耕文化之中。农耕社会里，我们基本上奉行的是集体主义价值观。到了后农耕文化时代，包括现在，还有很多地区仍然处在农业社会，我们引进了西方的个人主义，但是因商业、工业而产生的大量财富并没有集中到家族中，而是极度分散化，从而没有将资本与家族有效地结合起来，却简单地与个人结合起来，进而使资本处于一种短命的状态。西方社会则把资本与家族结合起来了。结合起来后，发现资本是有缺陷的，于是把资本运用到一种新的形态上去，这就是现代慈善。以此既保持了家族的发展，又能培养出家族优秀的代表人物，使得整个家族在一面慈善道德的旗帜下互相支持、共同发展。我想，这是美国家族基金会如此发达的一个重要原因。

从历史上看，欧美设置了很多制度，其初衷非常好，但是最后却走向了反面。比如欧洲的现代福利制度，到现在已经使很多人不愿意做事了。我去看过欧洲的一些工厂。在那里，愿意做一个好工人的人确实不太多。这就是人性的弱点。西方福利制度导致了人性的衰退，或者说是人性的蜕变。但是，我们看看美国的慈善制度，一方面很多人愿意把自己工资的一部分捐出来用于慈善，另一方面家族基金会蓬勃发展，在全球范围内发挥着越来越重大的影响，与欧洲的现代福利制度形成了一个很好的对比。在美国，我不知道他们的工人们能不能以满腔的热情去制造产品，但是可以肯定地说，美国的慈善界人士，特别是基金会的人士，他们的精神面貌始终是非常非常健康的。大家都希望实现一些使命，希望为人类的美好、美国的发展做出自己的贡献。我觉得，美国的基金会制度设计是非常合理的、先进的，没有使参与慈善的人变得越来越懒，而是变得越来越有精神，越来越有上进心。我觉得在中国孕育美国那样的家族基金会制度已经势在必行。中国已经出现了那么多富人，甚至富豪。说到富人，我坚决反对两点：一是反对有人简单地说这些富人为富不仁。说这样的话，虽然有历史文化上的原因，但绝对有心理不健康的一面。二是反对过度非议"移民"，移民没有什么不好。当然，我也的确觉得有一部分富人为富不仁，但是也的确看到有相当一部分富人想做好事、想做好人，我们的社会却没有给他们应有的机会，没有制定相应的规则，没有合理的制度设计。这样一来，他不移民，又能怎么样呢？我们知道，早期资本的原始积累是羊吃人运动，是血淋淋的。原始积累都会带着历史的后遗症。我国改革开放初期，许多事是没有规则的。在没有规则的状态下开辟市场，一定存在盲目性和损害。我们不能因为三十多年后的现在，已经制定出了很多规则，就以现在的规则去衡量当年没有规则时的那些做法。如果真是这样，这个社会就太不宽容了。一个社会不能宽容富人的话，这个社会是没有希望的，因为靠穷人只会越来越穷。如果一个社会大家都欣赏穷人，都是穷人，那就连革命的对象都没有了。那个时候，没有地主和资本家可以打，就只能互相打了，也就不知道为什么要打了。这实际上是人类的退步，也是由文明向野蛮的倒退。所以，一个不赞赏富人的社会是没有希望的。但是，如果富人不知道承担自己所要承担的责任的社会同样是没有出路的。这是一个问题的两个方面。富人要承担社会责任，就要给他设计一种制度。现在，不允许大家搞革命，富人也怕革命，但是富人想把钱捐出来就是捐不出，就像我想把四合院捐给基金会，不是基金会不想要，而是我们的制度设计有障碍，一方面基金会没法要，另一方面我也没法捐。这样，富人该怎么办？富人也知道很多人在仇视他，为了减少社会摩擦，所以干脆一走了之，移民算了，去参加改造世界的运动去了。问题是，这样移走的都是先进生产力啊！我再三说，一个社会如果不尊重富人，这个社会是看不到希望的。现代化靠贫穷是做不到的。

为此，我想说的是，中国已经到了积极引导和发展家族基金会的时候。第一，引进美国基金会制度势在必行，特别是家族基金会制度应当成为中国基金会发展的重中之重。第二，在引进美国基金会制度的时候，一定要考虑中国的国情，不能简单地模仿，更不能生搬硬套。我们应当学习的是美国家族基金会制度的精神。从这个角度说，洛克菲勒家族是人类的一盏明灯，可以照亮全球的家族，特别是他们建立的那套家族基金会制度，对全球特别是对中国当下，一定会有重要的影响和作用。

当然，尽管中国现代慈善制度还没有建立起来，但中国的传统慈善，无论是社会慈善，还是家族慈善，都有很多可圈可点的地方，适合人们去总结，去学习，比如中国的公有思想、中国的邻里关系、中国社会对德者对仁者的认同等，都是非常有价值的东西，是属于全人类的公共资产，既值得全人类去挖掘，更值得我们在建立现代慈善制度、基金会制度，特别是家族基金会制度的过程中去认真总结。

让资本走向共享

三、慈善发展与价值观传播

我们谈慈善为什么谈到这个问题呢？因为在美国有很多基金会都以推销民主为荣，而且也很好地配合了美国政府的战略。而在中国，或者说其他发展中国家都有点害怕美国人搞民主。美国人一搞民主，天下就大乱。这到底是怎么一回事呢？难道民主不好吗？如果民主是个好东西，为什么民主先生一到天下就大乱呢？无论什么"颜色革命"也好、什么"茉莉花革命"也好，革来革去都没有革好，就连现在的台湾也开始乱了。这难道真的是民主不好吗？或者说，美国政府就真的想以民主为手段去搞乱这个世界吗？也许美国真有这样的人这么想，但是我不认为美国的基金会、美国的政治家都想把世界搞乱。我也不这么看。那么，问题到底出在哪里呢？想来想去，我们需要对民主的历史和内涵进行一番深刻的反思。

什么是民主呢？简单地说，民主就是人民当家做主。民主与自由紧密相连。民主与自由又是什么关系呢？民主是你当你的家，你做你的主。自由则是说个人的事情，说个人的发展，也说社会的自由。个人的自由归根结底要落到个人的身上，一种风气、制度、理念，无论从哪个角度讲，最终还是要回到个人的身上。现在，中国有很多人感到自己不自由。比如想发发脾气，美国总统可以骂，中国的领导人是不能随便骂的，尤其不能在媒体上骂。比如想对某一事件发表个人看法，相关方面都有严格的禁例，所以媒体人总是抱怨自己不自由。

那么，民主和自由到底是什么关系呢？

我认为，自由属于个人的行为方式，民主则属于政治上的平等权利。民主不是讲个人的行为方式，而是讲个人行使权力的权利，讲平等行使权利。英美民主经历了几百年的历史发展，从文艺复兴到科技革命，到工业革命，再到民主革命，经历了四次革命才获得。而且，民主虽然发源于古希腊，但古希腊时期也不是人人都拥有民主，只有少部分人拥有。英国的民主，比如妇女的选举权，也是到了20世纪才开放的。所以，民主在西方社会也有一个成长的历史过程。民主到了美国以后有了发展，特别是美国那些制定宪法的国父们，他们是讲民主的。他们讲的民主是有几个基础的。第一个基础是宪政。宪政这个词有些人非常反感。为什么反感呢？因为有人借着这个好词来做坏事，所以把一个好词也给弄坏了。其实，宪政是一个好词，只是有人打着宪政的牌子做坏事，相关方面不得不把宪政这个好词给藏起来了。从本质上说，在一个拥有宪法的国家怎么没有宪政呢？什么叫宪政？宪政实际上就是协商政治。第二个基础是规则、是法治。民主是要讲规则的。不能一讲民主就不讲规则，那样的民主绝对会导致天下大乱。美国选总统，大家一人一票投上来，最后还有一个选举人制度，并不是谁的得票数多就能当总统。记得当年戈尔的得票数比小布什的票数多，但还是小布什当了总统，因为戈尔的选举人票数少。所以，这是讲规则的，不讲规则则是不行的。第三个基础是确保个人的自由权利。如果一种民主把所有人关到铁笼子里去投票，这个民主还是真正的民主吗？所以，真正的民主是建立在宪政、法治和确保个人自由权利的基础之上的。我把这种民主叫作自由民主，这样的民主是好民主。

既然有好民主，也就有坏民主。那么，坏民主又是什么民主呢？我把它叫作民粹民主。民粹民主最典型的表现就是少数服从多数。我和许多学者都讨论过这个观点。少数服从多数不一定是一个好东西。少数为什么要服从多数呢？难道真理就不可能掌握在少数人的手上吗？凭什么49%就要服从51%呢？只讲服从，还会有平等吗？当51%要求49%服从他们的时候，事实上就已经不平等了。有服从就没有平等。比如说，我要求你今天中午必须跟我去吃饭，你还有什么权利可言？如果你不去，就会得罪我。这样的民主就有问题了。

最近20多年来，欧美国家在民主进程中已经走错了方向，他们把好的自由、民主丢掉了，搞出了一个民粹民主，而且把这个不好的民粹民主向全世界推销，所以到哪个地方都不受欢迎，到哪个地方都碰得头破血流，到哪个地方就把哪个地方搞坏搞乱。这样的民主当然不是世界所欢迎的，当然也不是中国所欢迎的。所以，我同美国人讲，如果你们还不反思你们的民主，就连搞民主这种事也会落后于我们了。因为我们，特别是中国的民间智库已经认识到什么是好民主，什么是坏民主了。我们主张的是好民主，是建立在宪政、法制、确保人权基础上的好民主，而不是民粹民主。我们已经认识到中国有两大思潮，一是保守主义，一是民粹主义，而且认识到民粹主义比保守主义更可怕；已经认识到，为建立好民主，就必须强调法治意识，强调法治。

所以，我非常赞成习近平主席提出的"把权力关进笼子"的思想。只是把权力关进笼子还要做好几件事：一是要做一个像样的笼子，不能把权力关进一个破笼子，那样的话，权力会经常出来的；二是权力要关得进笼子里去。这就要发挥中华文化的伟大作用，要有好领导人。好领导人必须是有权威的，既会做笼子，又有力量把权力赶到笼子里去。许多西方人并不了解中国，觉得今天右了，明天又左了。实际上，大家不要被这些东西所迷惑，简单地说左说右都是不对的。我们真正需要的是一个自身廉洁，拥有力量与权威的领导人和领导集体。他们善于做笼子,也有力量把权力赶进笼子。只有这样,中华民族才有希望。从这个意义上讲,我坚决主张中国应当先法治,后民主;先自由,后民主。我不反对基金会传递价值观,推销民主观,但要传递正确的价值观,要推销好民主而不是坏民主,否则就违背了基金会或者慈善宗旨,走向了反面。

四、慈善与全球治理

现在大家都强调慈善国际化,我几年前甚至提出了全球慈善一体化。道理很简单,全球慈善人聚集在一起,大家都会觉得很舒服,幸福感最高。坦诚地说,我是一个既经商又从善的人。从善的时候,特别是与美国的慈善家在一起时,我觉得是幸福指数最高的时候。

我们既然认为慈善属于全球,那么什么样的全球治理方式才是好的方式呢?我希望有一天能用慈善去治理全球,但这恐怕很难做到。为什么呢?这就要求我们首先认识这个地球目前正在发生什么事情。第二次世界大战后,全球治理需要依赖三个东西:一个是联合国宪章,一个是美国这个世界警察,还有一个是慈善。前两方面,属于硬指标,但做得不好;最后一方面,属于软实力,一定要做好。

联合国宪章，大家都已经认同它了，它有它合理的一面。但是，它到底合不合理呢？中国这个近14亿人口的国家与一个3万多人口的太平洋岛国一样，都是一国一票。你说这对不对？同时，五个常任理事国各有一票否决权。也就是说，全世界国家做的决定，有一个常任理事国不同意就能推翻就能否定。这合理吗？

再看看美国这个世界警察。这个世界警察的力量很大，也发挥了一些很好的作用。一些地方出现恐怖分子，或者出现人类灾难，这个世界警察都会赶过去维持秩序，这是好的一面。但是，它也有很不好的一面，最大的不好就是这个警察公私不分。我们最怕的就是警察有私心，一是执法不公，二是标准不一。只要违反你们美国的意志，就说是恐怖主义；只要对你们是好的，哪怕是恐怖，你们也会说是民主，可谓标准不一。你们说中国不民主，没有人权，而沙特阿拉伯等国家目前还是皇族统治，还有皇帝哩！你们说他们都是好的，他们拥护你，他们就没有问题。更何况，你还要不断地强调你们美国的国家利益至上。你说你们这个警察能叫世界人民服气吗？我们希望这个警察能做一个公正的警察。不要以维护你们的钞票印刷权为标准，凡是反对你们的就是恐怖分子，凡是支持你们的就是好人。更何况，联合国是你们主持的，你们还经常不经授权，就去干你们想干的事情。你们应当先取得授权！你们不经授权就冲杀出去，维护的却是你们需要的正义。你们需要到底是正义还是非正义呢？比如说，中国现在确实存在很多问题，也确实有人权问题，但是中国这个国家太大了，处理任何事情都有一个发展过程。中国从春秋战国到现在，绵绵几千年，有一个道理中国人都非常明白，就是中国不能乱！中国如果乱起来，就不仅仅是近14亿人的事情，那一定是全球60亿人的事情。中国一旦发生动乱，难民一出去就会影响到中亚，影响到中东和欧洲大陆，全世界就会因此而乱套。那么，你们应当怎么办？

现在，日本总是在我们身边叫来叫去。日本这个国家比较特殊，据说还有一部分日本人是很久以前从中国过去的，日本文化很大一部分也来源于中国，大多是从中国唐朝时期过去的。不管怎么样，在小岛上待的时间长了，加上地震、狂风暴雨、海啸等灾难的困扰，使得生活在这里的人在性情上产生了不太健康的一面。你们到日本大街上看一看，那些画都是怪模怪样的。当然，那是人家自己的传统文化，我们无可非议。但是他们从幕府时代或许更早就给人一种感觉，不知道是人，是神，还是鬼，总让人弄不清楚。日本所有的房子都是小小的，以至于像我这样并不算高的人走进去时，都感觉打不了转。这些都与那个狭隘的地域有很大关系。人啊，在一个狭小的环境中生存就可能产生一些性情上的问题。我不能说日本人都不讲信用，日本人在商业上面是很讲信用的。但是，至少日本无论是在1895年中日甲午战争，还是1941年珍珠港战争，日本人都是在搞侵略，搞突然袭击，是不讲诚信的。这样一个问题国家，现在却天天说要恢复正常国家。说它不正常，问题是谁让它不正常的呢？第一是日本自己，它本来就不正常；第二是美国让它不正常，不是中国！日本人觉得它们不正常，主要对两件事情生气：一是二战后的和平宪法，限制了日本的权利；二是认为两颗原子弹造成了无比的心理上的伤害和经济上的损失。这两件事都是美国人为了维护世界秩序而做的，不是中国人做的。日本现在总是说中国威胁，其实只是一个幌子，是说给大家听的，并不是日本的真实想法。日本的真实想法是对上述两件事情有意见，想要翻案，想要报复。安倍晋三和石原慎太郎早就说了，日本人可以说不。为了刺激美国人，石原慎太郎与人合作，写了一本书《日本人可以说不》。他们是在向谁说不呢？实际上就是要向美国人说不。有一天，如果日本把和平宪法的问题解决了，造出了核武器，如果有了正常的扩兵权利，我想日本第一个就会向美国人说不。而且，在他们看来，美国对他们的伤害比任何人都厉害，他不会只向你们说一次不就算了，他们会时常向你们说不。你们要清醒啊，美国的朋友们！

中国人是非常注重情感和感恩的民族，洛克菲勒基金会建了协和医院，中国人感念百年，陈纳德带领飞虎队支持中国人民抗战，被中国的电影电视剧反复歌颂。而美国对中国做的不好的事，我们都淡忘了，很少提及。现在你们的政府想方设法围堵中国，而慈善家又大谈友好合作，这不是很矛盾吗？希望你们能够去敦促美国政府调整政策，增加中美两国政府间的信任，也为中美两国慈善交流合作创造更好的氛围。

那么，全球到底怎么治理呢？我认为还是请大家总结一下中国几千年文化的经验。这个世界只讲霸道是不行的，还是要讲王道。要以王道为主，霸道为辅，德法兼治，这个地球才有希望。德法兼治，慈善就是最好的办法。从这个意义上说，我真切地期待慈善能够统一世界。

结　语

文化是一个国家的灵魂。一个国家的文化特征最能表达这个国家的特质，谱写了一个国家的历史，也预示着一个国家的未来。

中国人在历史上因为创造了灿烂的文化而在很长时间里有过文化的傲慢。但是这种文化傲慢，随着 1840 年鸦片战争、1895年甲午战争中侵略者的隆隆炮声，被彻底打破了。到了1919年"五四运动"，一大批年轻人起来鞭挞中国传统文化，甚至全面批判传统文化，让人感到我们的文化都是坏东西、都是糟粕，只有西方的文化才是好东西，有些走火入魔了，由过去的文化傲慢迅速蜕变为文化偏见。而且，由于这种文化偏见导致当时的知识界不断高举西方文明的大棒，把我们自己的文化打得落花流水，以至于陷入全面否定的状态。

"五四运动"以后，随着中国社会的发展变化，特别是最近几十年的发展变化，也随着我们不断地认识，不断地总结，终于发现在这个世界，原来中华文化的确有无比灿烂的一面。比如老子倡导的"无为"。什么叫无为？就是当政者要遵循规律，顺其自然，或者说道法自然。比如孔子讲的"仁爱"。什么叫仁爱？就是告诉我们做人一定要互相友好，互相关照，要讲义气，爱别人。孔子还倡导在世界治理中遵循"中庸之道"，实际上就是要吐故纳新，不断抛弃不好的东西，不断接受新的东西，让社会总是处在一个平衡的状态。现在看来，他们提出的这套思想就是好东西。所以改革开放以来，特别是近些年来，我们都在不断地挖掘这些东西。这些好东西是治理社会，包括引导整个人类社会发展的好东西。

西方人在人类历史上也创造了令人赞叹的伟大文明。

西方的自然科学、社会科学，还有艺术、建筑等都取得了辉煌的成绩。但是，现在要清醒的是，特别是在对待民主等问题上，西方人不要认为你们坚持那些东西就是好东西。我认为，你们的祖先创造了一些好东西。你们现在犯了我们在"五四运动"时犯的错误。但是，中国人当年犯的错误是不断地向你们学习，你们现在犯的错误则是没有使你们祖先创造的好东西不断发扬光大，而是走向了偏见。而且对自己有这种偏见。或者说这种不好的东西，还如此傲慢。你们为什么还要如此傲慢呢？你们应当先把自己的东西改造好，然后再去尽自己的国际责任，再推销到世界上去。

我讲这些的目的，并不是让大家都来表扬中国文化，批判西方文化。我的意思是，我们祖先创造的好东西我们要继承，你们祖先创造的好东西我们也要接受。我们做得不对的我们要纠正，你们做得不对的你们也要纠正。我们都要克服文化的傲慢与偏见，这个地球才有希望，人类才会蓬勃地走向现代化。地球就这么大，承载着六十亿人口，如果再加上连绵不断的战争和长期的不信任，这个地球是无法承受的。我相信这个地球总有一天会爆炸，但是我们的所作所为，似乎不是在延伸生存的时间，而是在催化这种爆炸的到来。我想，中美两国在这样一种文化反思、批判、继承、发扬的过程中，互相之间值得学习的东西太多了。作为世界上的老大和老二，当然还有很了不起的老三，我们这些大佬们必须承担人类发展的历史责任。我们必须放弃我们不好的东西、不对的东西，坚持我们好的东西、对的东西。只有这样，我们才有可能走向现代文明，才有可能共同走向共享。

最后，我还要重复我在中国经常讲的三句口号：慈善就是共享！慈善创造未来！慈善统一世界！

共享：国人 120 年的苦苦追求

——在华民慈善基金会内部学习座谈会上的讲话

(2014 年 7 月 5 日)

今天，我们座谈《习近平总书记系列重要讲话读本》，这样的政治学习，在基金会行业里可能不常见。为什么要座谈习近平总书记的重要讲话呢？习近平总书记的讲话，讲到人民的心坎上了，讲到我们这一代人的心里头了。我先谈谈自己的一些学习体会，不一定正确，供大家参考。

习近平总书记的一系列讲话，既高屋建瓴，又深入浅出，既系统地总结了历史，又深刻地剖析了现实，更对未来进行了深入的战略思考，展现了新一代中国领导人的雄伟韬略、远见卓识。学习过程中，我本人更加明确了这样一个基本的认识：习近平总书记非常重视中国历史和中国国情。他绝不保守，胸怀世界，是一个真正懂中国、懂世界，真正把握了中国未来的领导人。学习习近平总书记的讲话，一定要结合中国历史，一定要联系现实，展望未

共享：国人120年的苦苦追求

来。我认为，中国历史是一部写满了"共享"追求的历史。从原始社会到春秋战国的孔子时代，就贯穿了追求共享的基因，并被孔子归纳为"大同"社会的理想。孔子之后，这种共享基因完全融入了中国人的血脉之中。沿着这条红线往下看，近现代中国革命和建设的历史更是一部追求共享的奋斗史。一百多年来，一代又一代中国人为了追求共享理想，浴血奋战，前仆后继，不断取得了伟大成就。而且，未来十到三十年将是中国社会追求共享理想的重要收获期，更是中国社会进入现代文明社会、奠定中华民族可持续发展之强大物质与精神基础的关键时期，一个真正"为万世开太平"的黄金时期。现在看来，这样的历史重任已经落到了以习近平总书记为代表的这一代中国领导人及其继任者的肩上。因此，我们非常有必要认真学习、领会习近平总书记的重要思想和理论，有必要认真学习中国历史，特别是近现代中国革命和建设历史。所以，我今天就谈谈近一百多年来中国人追求共享的艰苦历程。根据时代特征，我把这段历史分为四个阶段，就是我所说的"四个三十年"。

第一个"三十年"（1919年到1949年）。这三十年最大的特征是追求"共产"式共享。这三十年里中国发生了三件大事：一是马克思主义传入中国，二是中国共产党成立，三是中国新民主主义革命胜利，为建立社会主义制度创造了条件。马克思主义、中国共产党、社会主义是不是符合中国国情，该不该出现呢？回答这个问题，就要清楚这三个新事物到中国来之前，中国社会思想基础是什么，中国基本政治制度是什么，就要清楚中国社会究竟发生了什么，要发生什么。中国历史，包括两千多年的封建专制历史，有一个最重要的基因就是追求共享，有文字记载以来，比如早期井田制就有了"公田"的设计，这在人类历史上应当是第一次。中国人也可能是世界上最早提出共享思想的民族。到了封建社会，中国社会的发展历史说到底就是由三组代表人物相互博弈的历史。一是以孔、孟为代表的传统"大同"道统，这是中国社会的思想基础。孔子是一个集大成者。他总结了夏、商、周以来的中国政治、文化以及社会制度成果，提出了"大同"理想，这个理想一直是中国人最伟大的梦想与追求。二是以秦始皇开创的、到汉武帝基本完成的中国"大一统"的基本政治制度。这个制度维护的不是别的东西，就是"大同""大一统"的治理体制，本质上还是孔、孟的道统。但由于统治制度和方式总是出问题，人们便起来推翻他们。所以，三是以陈胜、吴广为代表的反抗者，他们没有政治地位、经济地位，向死而生，义无反顾地揭竿而起反抗统治者，推翻了秦的统治。这是统治者违背了"大同"的道统，陈胜、吴广们起来维护的不是别的东西，也就是天下"大同"的道统。所以，这三种力量共同维护的东西就是孔孟那一个道统，他们虽然都有"共享"基因，但没有好的制度保障，总是无法协调各方面的利益，总是处在不断的斗争中，就使得整个社会总在一个平面上往前走，没有出现螺旋式上升的发展格局。到了清朝末年，这三者相互博弈的结果，封建专制制度已经无法维持下去了，中国社会必须寻找新的道路。所以，许多先进的中国人，比如孙中山先生等革命先驱就向西方寻找新的道路，他们找来了民主共和、三权分立、五权宪法、自由平等博爱等，但是要把这些"种子"播到绵延了两千多年的封建专制的广袤"大地"上，要长出参天大树，显然很难。当时说民主共和，搞多党制，一下子就搞出2000多个政党；说实行地方自治，就搞出了地方割据，军阀混战。经过十多年革命，皇权的专制制度被推翻了，共和制度却一点也没有建立起来，社会反倒更加混乱了。于是，又一批先进的中国人进一步反思中国社会，发动了"新文化运动"和"五四运动"，这两场运动有一个基本共识，就是认为西方的现代文明不可能在封建土壤里生根、发芽、开花、结果。既然这"土壤"里长不出来现代文明，就需要彻底改变它，于是"打倒孔家店"等一系列否定中国传统文化的偏激口号被提出来了，经过一阵打砸，仍然没有找到解决中国问题的理论和办法。这时候，以陈独秀、李大钊、毛泽东等为代表的中国先进分子，从西方找来了马克思主义、共产主义。马克思主义、共产主义是什么？我认为，马克思主义、共产主义的本质就是共享，追求的就是共享。马克思主义、共产主义一到中国来，就与中国皇家文化和儒家文化中的共享基因结合了，就与"秦始皇"结盟了，与"陈胜、吴广"结盟了。特别是马克思主义有两个东西，在中国传统皇家文化和儒家文化中都有基因：一是为追求共享而坚持以斗争哲学为特征的暴力革命，二是为追求共享而采取的高度集中或者说高度集权的制度。于是，中国的先进分子迅速与马克思主义融合起来，中国共产党作为共享主义的代表便出现了。此后，中国社会经过近三十年沧桑，特别是土地革命、抗日战争、解放战争，其间无论是驱逐日本侵略者，还是国内革命斗争，中国共产党始终高举的共同目标，都是让中国绝大多数受苦受难的民众过上和平、平等、自由、富裕的生活，都是共享的旗帜，虽然核心是"共产"。终于到1949年建立了中华人民共和国，为中国绝大多数民众追求"共产"式共享，特别是共享社会的发展成果创造了最基本的制度条件。这无疑是马克思主义在中国的最大成果，是中国共产党追求的一个最重要的阶段性共享目标。这也是中国历史的必然要求，是中国人追求共享基因的必然要求。所以，这三十年可以说是近现代中国人从追求传统共享到追求"共和"，再到追求

"共产"的"三十年",也是中国人第一次真正追求现代共享目标的"三十年"。

第二个"三十年"(1949年到1979年)。这三十年里,中国人民在以毛泽东为核心的第一代领导人领导下,迅速建立了中国社会主义制度。社会主义的本质是多数人主义,基本的价值目标就是共享。当年,马克思论述的社会主义,就是民主与法治基础上的多数人主义,其中的"共产"理想,在我看来实际上就是共享。毛泽东是一个伟大的共产主义者,也是一个伟大的共享主义者,他追求的是中国绝大多数人的共同利益。但毛泽东也有一定的历史局限性。尽管如此,我们必须看到的是,这三十年,一方面通过计划经济的方式推进国民经济体系的建设,我们做成了许多大事,比如"两弹一星"、打了两仗等,在社会主义建设的各个方面都取得了很大的成就,让世界刮目相看;另一方面,通过计划经济方式实现了大多数人的"均平"。但是,远远没有建立起完善的社会主义制度体系,更没有建立民主与法制制度。虽然也重视民主,强调法制,毕竟没有建立民主与法制体系,所以实践的也是低效率、低水平的大多数人主义。这个三十年有一个基本的特征,就是以"共产"为特征的共享目标是正确的,但方法出现了严重的问题甚至错误,有的从理论到实践都是错误的,比如"文化大革命"等,所以得到的只是"均平"。大家在经济上是相对平等的，政治上却是高度分化的，全社会形成了层次分明的不同阶层，甚至对立的阶层，严重不平等。而且这种经济上的相对平等，并不是均富，而是均贫，根本不可能成为现代共享模式，大多数人并没有过上好的生活。

这三十年发展到后期，看上去大家在经济上很平等，社会治安也似乎不错，但政治上的严重不平等，加上国民经济的严重困难，导致了多数人不满意，社会失去了发展活力，整个国民经济也因为长期的低水平、低效率而陷入崩溃的边缘。我们在政治上虽然高举"共产"的旗帜，事实上已经没有什么"产"可"共"了。社会发展几乎失去了必要的物质基础与思想追求，到了不得不推进改革的时期。所以，接下来的"三十年"无疑是一个必须推行重大改革的"三十年"。

第三个"三十年"（1979年到2012年）。这个"三十年"是一个概数，就是邓小平领导和影响的"中国改革开放三十年"，追求的是一种以"共同富裕"为特征的共享目标。认识这三十年，首先有个改革什么、往哪里开放的问题。改革什么？就是从国家的管理体制入手，改革前三十年做得不好的地方。开放什么？就是打开大门，走出封闭，逐步向世界全面开放。这三十年的早期，邓小平做了两件非常伟大的事：一是纠正了以前的许多错误，维护了毛泽东的历史地位；一是推进了改革开放，提出了"共同富裕"的发展目标，制定了让一部分人先富起来，再带动其他人富裕起来的政策。社会很快就充满了活力，到处唱着"我们在希望的田野上"，多么令人陶醉，心旷神怡；到处传颂着"春天的故事"，经济社会保持了持续快速发展的势头，人民生活水平得到了快速提高，国家的综合国力迅速增强。

但是经过前十多年的放权，包括政治上放权、经济上的放松，虽然带来了经济上的大发展，但由于法制制度不健全、不规范，社会上很快出现了两种不好的现象：一是一部分人富裕之后，思想也变了，不但没有带动其他人致富，反而跑到国外去了；二是过去的集权体制一放开，一分权，就出现了权力多元化格局。多元化权力在没有健全的监管机制下，迅速与多元的市场经济主体结盟，逐渐形成了一个个既得利益集团。特别是后十多年，这些既得利益集团开始阻碍改革、阻碍发展了，他们最大的希望就是维持现状，最大的诉求就是维护既得利益。他们反对倒退，如果倒退，就会用过去那种"共产"的方式"共"掉他们的利益；他们也反对前进，前进就意味着冲破他们的利益格局。于是，社会就出现了这样的局面，对外开放仍然持续，体制改革基本停滞。也就是说，在一片和谐声音中，社会停滞、分化，甚至撕裂了。特别是那些大大小小以家族利益为重要特征的既得利益集团，逐步发展成为中国当代历史上一种非常奇特的现象：他们总是把改革挂在嘴边，却为固守自己或者小集团的既得利益，敢冒天下之大不韪，视法治如草芥，使整个社会陷入不和谐状态，进而使官民矛盾、贫富矛盾成为社会的主要矛盾。

中国也就由此不可避免地出现了严重的政治、经济、社会问题。特别是在经济上，中国历史上还没有出现过如此严重的"两极分化"现象。中国社会也比1979年还要可怕了，那时候尽管国民经济到了崩溃的边缘，但追求富裕的愿望是热烈的。这一次却严峻多了：少数人富有、多数人穷困；少数人富可敌国，多数人怒不可遏；少数人谋求自己的"幸福生活"，却以"维稳"的名义剥夺了一批又一批人的基本权益诉求。中国社会已经到了非常危险的时刻。这一点其实从上到下，大家都看到了，社会已经严重偏离了"共同富裕"的目标，但就是没有采取根本的治理措施。于是，广大人民群众只好把希望寄托在一个新时代上。大家对新一轮改革充满了期待，希望通过新的改革，结束这个只有少数人更多地享有发展成果的阶段，结束这个严重歪曲了"共享"正道的阶段，真正走上"共同富裕"的道路。

第四个"三十年"（2012年开始的未来30年）。2008年世界金融危机以后，中国社会出现了更加复杂的变化，许多问题进一步暴露出来。大家都看到了问题所在，但困于各种既得利益集团的掣肘，没有大的作为，以致问题越来越多，积重难返。我们追求的是社会主义，是共同富裕，实践上却让少数人通过不同途径强势占有了社会大多数财富，严重背离了中国人的共享基因。2012年底，习近平总书记受命于危难之时，那已经是何其艰难的局面！在这个历史的关口，面对历史的重任，习近平总书记也没有别的选择，他必须代表全体人民的意志，彻底打破既得利益集团这堵墙。不打破这堵墙，就可能党将不党，国将不国，绝不是危言耸听。现实告诉我们，习近平总书记正在迎难而上，施展他伟大的智慧和魅力，已经毅然决然地打开了中国全面改革与发展的突破口。

要取得全面改革的胜利，我认为要有三个方面的准备：一是集中权力。就是把过去已经分散了的权力再集中起来，不然就可能成为一盘散沙。中国历史上，一个时期就只有一个皇帝，现在却有无数个"皇帝"，手上掌握了权力的人都可能是"皇帝"。二是明确基本理论。就是要在理论上说清什么是有中国特色社会主义，说清楚"既不走因循守旧的老路，也不走改弦易帜的邪路"中的"老路"与"邪路"是什么路，我们不能用社会主义的名义"挂羊头卖狗肉"，更不能走任凭权力掠夺社会财富的"歪路"。走这样"歪路"的人，打着为多数人的旗号，干着为少数人谋利的事,在一片和谐声中把社会撕裂了,这才是最危险的"邪"。三是要得到广大人民群众的支持,就是要始终深刻把握多数人的利益和立场,或者说广大老百姓的利益和立场。有了这三个方面的准备,还要做三件大事:一是反腐。这是铲除既得利益集团的重要突破口,既要打老虎,也要打苍蝇,既要做好权力的笼子,又要把权力关进笼子去,实现以制度反腐,而不是靠一阵又一阵运动来反腐。二是整党。就是要换人,要换上真正走群众路线的人,为大多数人谋利益的人。有人说党内"好人"不多。这也不能怪哪一个人,我们现在的体制下,无论好人还是不好的人,似乎都难以分辨。比如一个县委书记的月工资只有3000多元,怎么能够遏制他不去获取灰色收入呢?如果去获取,收受一条烟与收100万元现金,本质上又有什么区别呢?这就是目前工资制度的问题了。我们总不能说一种好制度培养出来的人多数是"坏人"吧?所以,用健全的制度管人非常重要。三是推进全面改革。说到改革,许多人有疑虑。有的人说,可能会回到集权的老路上去。有的人怀疑,中国历史上就有过无数次反腐大潮,反腐的结果就是另一批腐败的人代替了前一批腐败的人。我认为,中国的全面改革不可逆转,中国这一代领导人推进改革的进程不会逆转。中国也只有全面改革才会激发社会活力,才会有光明的前途。不过,人们担心这个全面改革可能会有三个结果：第一种结果是改不动，总是停在那儿，原地踏步。这不是习近平总书记的理想和追求，也不是人民群众的愿望，人民群众也不可能接受。第二种结果是倒退，回到老路上去。或许有人真想回到老路上，但大家也不会跟着走，时代也不允许。要回到专制状态，必须有一个封闭的环境。今天的中国社会已经如此高度开放，互联网也如此畅通发达，再封闭起来是不可能的事。第三种结果走上民主法制的道路。这是习近平总书记领导大家正在走的道路。走民主法制之路，必须是先法制后民主，先自由后民主，必须是以共享为目标的民主法制基础上的多数人主义，也就是中国特色社会主义。当然，建立健全民主与法制是一个渐进的过程，也是一个比较漫长的过程，既需要精英与大众参与，又必须杜绝民粹主义。当下，应当动员广大人民群众参与到全面改革中来，让他们的基本权益得到保障。正如习近平总书记所说的，让全体中国人民"共同享有人生出彩的机会，共同享有梦想成真的机会，共同享有同祖国和时代一起成长与进步的机会"。习近平总书记这里再三强调的"共同享有"，本质上讲的就是共享，追求的就是共享。从这个意义上说，我们还必须看到一点，中国是世界上最大的发展中国家，中国有广阔的内需市场。中国不怕别人搞乱世界，也不怕别人搞乱中国，别人也搞不乱中国。我们只要把人民群众最基本的保障搞好了,把基本的就业、失业、教育、医疗、住房、养老等保障搞好,大家就可以放心花钱了,巨大的市场潜力就真正启动了。我们还怕什么呢?我们应当通过适当的方式把巨大的国有财富,特别是采取必要的手段把既得利益集团的非法所得,进行合理的分配,充实到人民群众的基本保障上去,把全社会的积极性和创造性焕发出来,任何国外势力想破坏我们,也是不可能得逞的。我认为,这是我们走向共享的一个重要实现途径。

因此,走上民主法制的道路才是中国未来三十年要走的路。经过百年奋斗,中国人民进一步认识到,共享是中华民族的基因,追求共享是中华民族的伟大理想。但是,不同的历史阶段,围绕共享也会出现复杂的情况,也有一个递进发展和提升的过程。不过,有一点必须非常明确,那就是在任何时候,共享是目标,共产只是手段。共产充其量只是一个阶段性目标,终极目标始终是共享。我们不反对共产,但反对把共产当作目标,反对不断共产和乱共产。一百年前的中国是清朝统治的末年,社会极度不公平,不"共产"不行,辛亥革命终于推翻了清朝统治。之后到了1949年,中国社会又一次高度分化,不"共产"也不行,我们建立了新中国。现在,既得利益集团不当或非法攫取了巨大的社会财富,"共产"又成了许多人心目中追求公平与正义的手段。对此,必须采取正确措施从根本上予以解决。目前，反腐已经在依法推进，全面改革的步伐已经迈出，我们将走向哪里？我认为，我们的未来将走向民主法制基础上的大多数人主义，将走向共享。

在中国建设民主法制体制不是一件容易的事。外国的先进经验很重要，但不能照搬；中国的传统文化里有许多好的东西，但必须在继承的基础上改造。我认为应以儒治心，以法治行，德法兼治，方可治出中国的现代文明！建设这样一个现代文明国家，是全体中国人的梦想。让我们尽可能达成共识，完善共治，实现共享！中国梦：民主法制梦！共享梦！

（根据讲话录音整理）

如何建设好一个基金会

——洛克菲勒慈善顾问机构总裁梅丽莎·伯曼博士访谈录

(2014年8月28日)

中美慈善战略论坛第四届工作坊于2014年8月28日在北京大学斯坦福研究中心举行,我在论坛上作了题为"让资本走向共享"的主题演讲。28日午餐后,我应邀接受了美国洛克菲勒慈善顾问机构总裁梅丽莎·伯曼博士的专题采访。访谈前的交流中,梅丽莎·伯曼博士说:"卢博士刚才的演讲很有新意,虽然超时了,却是值得的。"具体访谈内容如下:

梅丽莎·伯曼博士: 您认为一个基金会应如何向公众展示自己的价值?

卢德之: 对基金会的认识,还是源于洛克菲勒兄弟基金会总裁斯蒂芬·海因茨先生,他说基金会就像是中医的针灸,一针扎下去,就能够消除病痛,整个身体得到改善。对社会来说,基金会在某一点上发力,能够让整个社会系统得到改善。他的观点让我印象非常深刻。我认为基金会必须有自己的理念，理念是基金会的灵魂。作为中国社会组织促进会基金会分会会长，我在指导基金会发展的过程中，强调每个基金会都要有自己的理念，理念建设是基金会的第一要务。基金会解决社会问题的能力是有限的，不管资金规模有多大。所以，用这样的方式来传播一些重要理念，是非常重要的。这些年来，华民慈善基金会也做了类似的工作，我们在一些高校，包括在北师大中国公益研究院成立资本精神研究中心，在中山大学成立中华公益书院，清华大学成立道德与宗教研究院等等，通过这个方式传递基金会的价值理念。我们也帮助一些基金会在进行设计运作时找准自己的角度，设计对社会的理念，把这作为华民慈善基金会一项重要工作，这是向您的机构学习的。

梅丽莎·伯曼博士： 在中国，私人基金会只有十年的历史。对于中国公众而言，这类基金会有权利自己做决策，去做他们认为对社会有价值的事情。对此，是不是广大公众都已经普遍接受了呢？

卢德之： 中国私人基金会的发展，时间不长，数量不多，大约只占非公募基金会的8%左右。不是公众不接受私人基金会。也不是政府不支持私人基金会。但对于创办私人基金会，很多富人还在犹豫的过程中。现在确实存在法律政策不配套，比如税收优惠，比如股权、物权捐赠等等，还存在障碍，但这不是刻意针对私人基金会的。

华民慈善基金会是以我为主，联合两个企业家搞起来的基金会，也是一个私人性质的基金会。这几年的运作过程中，我们发现除了法律法制不健全的问题以外，没有来自政府方面的干预，也没有社会不接受的问题，大家是欢迎的。在中国，这类基金会的成长是有土壤的。

梅丽莎·伯曼博士：我们谈到领导力的问题，对于一个运作非常有效的基金会，他的领导人应该具备什么样的特质，才能被称得上是有好的领导力。

卢德之：我认为中国基金会领导人的出身是多元化的，公募基金会一般是官员或名流，私人基金会是企业家，高校基金会是教员、学者，性质不同，领导产生方式不一样。不管如何，基金会的领导人都必须是一个有爱心的人，与人为善，这很重要。中国传统文化非常强调仁爱，这是内在的文化基因的要求，这是其一。其二，这些人对社会要有责任，还要有激情。其三，才是专业化知识。中国基金会的领导人有一定的局限。公益界的领导人，不管是NGO还是基金会，大都是从公益界内部产生的，知识面有一定限制。要推动社会进步发展，必须了解社会，包括中国特有的政治、经济、文化。做好基金会的领导人，不一定要是专才，但一定要通才。我做过官、办过企业，做过慈善，对社会各个方面都有体验，尽管我不是通才，但我比好多人"通"一点。了解社会各个方面，对基金会也好，对基金会领导人也好，都是有利的。中国的基金会领导人，我称之为职业慈善家，最好相当一部分由企业家转化而来，企业家对经济比较了解，真正了解怎么赚钱，也就更会花钱。花钱还是要比挣钱简单一些的。有人说，挣钱难，花钱更难。我只能说他没有挣过钱。此外还需要职业经理人，我称之为慈善职业家，另外还要有慈善理论家。这三家都要更多地了解中国，成为通才，才更加有效。

梅丽莎·伯曼博士： 您刚才也提到了，没有一个基金会能解决所有的问题，那么作为基金会的领导人，如何做决策，来分配他们的资源？

卢德之： 我比较强调基金会运作的专业化，在熟悉的领域做擅长的事情，但这样很难做到。比如华民慈善基金会就把自己限定在教育领域，基金会在运行过程中，会接到来自社会各个方面的要求，但我们尽可能坚持我们自己的领域。如果基金会什么都做，就很难展现出你的项目特色，很难集中在一点上发力。至于领域怎么定，肯定是由理事会来决策，也受捐赠人的偏好、基金会使命以及参与基金会工作骨干成员的专业特点影响，最终通过理事会章程的方式固定下来。决策程序要科学，符合国际惯例。

梅丽莎·伯曼博士：我提最后一个问题，如何衡量一个基金会是有效运行的组织？

卢德之：目前，衡量基金会运行的标准在中国还没有确立，尽管有了一些指标，但是否科学还有待探讨。我只能谈一下自己的看法。衡量一个基金会的影响力，不在于拨款多少，或者仅仅是项目做得怎么样，而是与项目本身的影响力有很大关系。比如说，我们华民慈善基金会做的教育项目，我从来不就项目问题接受采访，对外一律不宣传，只做不说，但是影响力是巨大的。每个高校都会有一些就业困难的同学，我们华民慈善基金会与全国50所高校合作，在每所高校帮助和指导100名家庭经济困难的毕业生顺利就业。这对合作高校是一个很大的支持，也帮助了那一部分最困难的学生群体，这一项目开始受到各方面的关注，但我们从来没有宣传，这样的项目如何评价呢？其影响力远远超过了项目本身，引导中国更多的个人和基金会来关注这一部分学生，这样意义就很大了。评价一个基金会，要综合评价，要看它的使命，传递什么样的价值观；看他的项目，包括目前的实际运行情况以及长远影响；看它的领导人、员工的影响力、社会贡献、人格魅力等等。我致力于从这些方面发展和衡量华民慈善基金会。基金会自身的治理结构、决策程序、透明度，这些都是基本的要求。希望我们中国的基金会能得到洛克菲勒慈善顾问机构的帮助。中国基金会发展离不开文化背景和民族性，但也必须国际化，需要借鉴国际经验，这样才能成为伟大的基金会。

梅丽莎·伯曼博士：谢谢您，非常有帮助。您所说的基金会领导人的特质，在您身上都得到了体现，是一个很好的示范。我们期待今后与像您一样中国基金会的领导人更进一步合作。

卢德之：谢谢您的提问，我深受启发！

中国慈善发展大趋势与教育基金会转型

——在湖南省教育基金会第16次研讨会上的演讲

(2014年11月26日)

一、 感恩湖南教育

感谢湖南省教育基金会邀请我来参加这个隆重的研讨会。我是湖南桃江人,我对湖南的教育有着深厚的感情。今天,我是带着感情来的,带着感恩的心来的。如果说我现在有了一点成绩的话,那也是湖南教育的一个小小的果实。我的小学、中学、大学到博士都是在湖南读的。我跟郴州也特别有缘。大学毕业前的实习就在郴州一中。在那里,我作了人生第一场大的演讲。那是1982年,大学还没有毕业,在郴州一中的大礼堂,面对来自郴州市中学的许多骨干老师和领导,还有学生代表,大概有1000多人,我做了一次关于"只有社会主义才能救中国"的演讲。近年来，我投身到慈善领域来了，和另外一位益阳籍的企业家共同创办了华民慈善基金会，当年是国内原始出资额最大的一个非公募慈善基金会。6年多来，我们在湖南的大学毕业生就业领域捐资已经超过1200万元，在其他领域包括捐建"厂窖惨案"博物馆和贫困救助、支农助学等，还有足球事业的发展，总捐资超过了一亿元人民币。这些都是源于我们对家乡教育的一种感恩情结。作为一名湖湘学子，我始终要特别感谢湖南教育。

首先，我想汇报的是，我为什么要做慈善呢？二十世纪八九十年代，我在湖南省委政策研究室工作。有一次，我代表湖南省委政策研究室跟一些企业家作一个学习辅导报告。我说，改革开放以后，我们应该大胆地创造财富，同时，也应该保持我们应有的德行。当时一位著名的企业家同志跟我说，中国人起名字有一个特点，缺什么补什么。你叫卢德之，是不是缺德啊？她这个话是玩笑，我也没生气，但引起我很大的反思：不管缺不缺德，反正补点德不是什么坏事，就像吃点冬虫夏草一样，能坏到哪去呢？特别是由此反思了人生的路应该怎么走的问题、应该怎样补好德的问题。我研究文字后知道，"德"字是一个很大的字。岳麓书院里有个牌匾上就写着"德通天地"。"德"中间那一竖是直通天地的，所以"德"字是一个最大的字。那要补这个字，怎么补呢？我觉得必须用两个字以上的词，才能补得上这一个字。我选择了两个字叫"放弃"。于是，第一步放弃了处长的职位，下到当年省委办公厅成立的一个正厅级的集团公司，我在这里做了二把手，弃官从商。来到集团后发现这个公司很难搞活，于是走出了放弃的第二步，背着集团的债务离开了，放弃了官商，成了民商。此后多年，不断拼搏，积累了一定的财富。7年前，我跟家人商量，第三次放弃，把所有的财富都捐给慈善事业，当然这个数字不小，三年后价值会更大。我称其为"弃财从善"。我想，补德是一辈子的事。最近我有一个演讲就叫"生命不息，补德不止"。经过三次放弃之后，除了生命，我再没什么可放弃了。如果为了从善放弃生命，那个德应该是大德了！为此，这些年来我一边做慈善，一边思考总结人生，写出了一些著作，有的翻译成英文在国外出版，第一本叫《交易伦理论》，第二本叫《资本精神》，第三本叫《论慈善事业》，第四本叫《走向共享》，那是我在哈佛大学的一个演讲，第五本书今年12月出版，叫《让资本走向共享》。

我为什么又提出"资本精神"这个概念呢？资本到底是一个好东西，还是一个坏东西呢？改革开放30多年来，我们天天讲资本运作，讲资本发展，说我们进入了资本时代，但是我们对资本的理解，好像还不特别清晰。我们总说，资本的每一个毛孔都沾满了鲜血和肮脏的东西。现在，一方面要搞资本运作，一方面又说它出身不好。这是不对的，我觉得要给资本正名。我认为，资本就是一种财富，是一种能带来新的财富的财富。人类社会进入剩余产品时代以后，就有了这样的财富。资本是人类社会的物质基础。我们给这种财富赋予一种精神、一种灵魂，那就是财富在发展的过程中内在的动力以及它背后的道德精神，这就是资本精神。我把资本精神的内涵归纳成"三个拼命"，就是"拼命地挣钱、拼命地省钱、拼命地为神圣的事业而花钱"。这样，财富发展就有了一个有序的链条。如果不讲挣钱，只讲花钱，哪里有钱可花呢？钱从哪里来呢？如果没有一种高尚的动机，只想着去挣钱，就可能会去干坏事，那个时候的资本就是一种坏东西了。所以，我用资本精神这个概念赋予了资本一种灵魂、一种内在的动力和道德精神。仅仅有资本还是不够的，必须具有资本精神，才能用好资本，才能最好地发挥资本的作用。

在资本精神和从事现代慈善实践的基础上，我又提出了"共享"的问题。人类社会自原始状态开始，一直发展到未来的高级状态，都离不开人与人之间的相互合作。无论中国古代孔子讲的"大同"，还是古希腊柏拉图描述的"理想国"，都是一种共享。马克思当年说的共产主义，我们有多种翻译，其中很重要的一个内涵就是共享。我认为，共享才是人类社会的目标，共产只是手段，即使是目标也只能是阶段性的目标。我不反对共产，但是反对乱共产、反对不断的共产、反对把共产当目标。共享才是人类社会的目标。我曾经有个演讲叫"慈善就是共享"，后来在哈佛大学讲的是"超越左右、追求共享"。到中山大学怀士堂，就是当年孙中山号召"走向共和"的地方，我讲了"走向共享"。今年秋天在第四届中美战略慈善工作坊上，我讲了一个题目叫"让资本走向共享"。只有共享才是人类社会理想的奋斗目标。

我的家族发展历史也给予我一种认识共享的视角。我的第五代爷爷是一个很富有的人。到第四代爷爷却是一个革命家，当年做了黄兴的助手，叫卢性正。到第三代爷爷变成了一个流浪无产者。到我父亲就已经是一个搞革命的人了，他做过副乡长、农会主席，是一个斗地主的人。到了我这一代，又成了有产者。我家五代历史让我认识到，财富在家族内部传承是困难的，是传不下去的。这在中国文化里叫作"富不过三代"。回头想一想，在政治家族、经济家族、文化家族、军事家族里，文化家族的寿命是最长的，政治家族有个一二百年，就算长的了。经济家族就传承不了三代，而且一般情况都如此。这应该是中国文化一个打不开的结。我一直想打开这个结。

今天，我讲这些，只想说明：第一，感谢湖南教育，努力回报湖南教育。这不仅是我一个人的想法，应该是所有从湖南走出去的湖湘学子的声音；第二，来到民间，做一个老百姓真好；第三，做一个慈善人，真的光荣；第四，我想用我自己的亲身经历，证明我对人生的这些结论。

二、 中国慈善发展大趋势

昨天我在北京参加了第三届中国公益论坛，跟一些外国慈善家同台交流慈善。他们的基本看法是，中国慈善发展现状跟经济发展一样，可以用速度迅猛异常来描述。我的感觉也是这样的。7年前，我刚加入慈善队伍的时候，只有少数几个慈善家是慈善的主流代表人物。几年过去后，中国慈善领域已经出现了许多代表人物。就我个人的体会而言，我的关于慈善理论的许多思考，已经引起了社会的重视和关注，也获得了国外许多慈善家的共鸣。从国家层面上看，前不久李克强总理主持了一个国务院常务会议，就慈善发展的若干问题进行了很重要的研究，形成了很重要的决定。其中最大的重头戏，就是有关部门正在酝酿、起草中的慈善法了。如果顺利的话，慈善法可以在明年的下半年出台。这部法律的起草过程已经很长了，也组成了若干个论证小组，我先后参加了几个小组的讨论工作。我认为，如果这部法律能够顺利出台，中国慈善事业面临的许多重要问题都可能迎刃而解。当然，这部法律还需要各方面尽最大的努力来达成共识。制定好一部法律，真是一件不容易的事。尽管如此，我还是非常看好这部法律，期待它在明年年底能够通过全国人大常委会的审议。有了慈善法，中国慈善事业的发展就有了法律上的保障。

此外，我们还要看到另一个大趋势背后的复杂性。现在，我们已经进入一个经济高速发展的资本时代，我国的经济总量已经雄居世界第二位，富人的数量在全世界也仅次于美国。小平同志说要让一部分人先富起来，他还有第二句话，先富起来的人要带领多数人都富起来。现在的问题是，一部分人先富起来后，真正带领多数人富的人并不多，相当一部分富人移民了，或者去澳门赌博去了，还有一部分人在牢里。这就是一个问题了。中国的富人怎样才能承担起富人应有的职责呢？也就是我说的，富人怎么才有资本精神呢？这个问题太重要了。一方面，我们富人群体占到世界的第二位；另一方面，我们的贫富差距又如此之大。我认为，社会主义的本质就是多数人主义，一定要为多数人服务。如果只为少数人服务，那一定有问题，也不是社会主义。当然，有时候为了让多数人富起来，也需要先让少数人通过劳动富起来。但是，先富起来的这批人，怎么让他们无论主动还是被动，都能为多数人服务，让多数人一起富裕呢？否则，让少数人先富起来干吗呢？如果只是让一批一批人富起来后，自己就走了，财产也转走了，这个地方只会越来越贫瘠，这个地方的老百姓只会遭殃。不让多数人富起来，这就不叫社会主义。如果不是为多数人服务，而让少数人富起来，还不如不让他们富起来。这样做只会形成更大的灾难。现在看来，我们还没有把这些事处理好。所以，我们需要从政治、经济、法律、文化等方面制定政策措施，保障多数人的利益，与此同时，作为社会事业重要组成部分的中国慈善也到了一个重要的发展关头。我曾经说，中华民族已经到了最需要慈善的时候。那些已经富起来的人再不规范发展，或者这部分人还不能自觉地接受规范，这样的富对中国的发展就难说是有用还是没用了。这一点，我们的领导人已经看到了，都在讨论加强社会管理、发展公益慈善事业等。从这个意义上说，目前中国慈善正值春天。现在基金会已经发展到了4100多家，非公募基金会数量超过了公募基金会数量。这是一个很好的发展趋势。美国的非公募基金会、家族基金会就占到70%以上，现在已经发展到7万多个，中国的发展空间巨大。

中国现代慈善到底如何发展呢？发展中国特色现代慈善就一定要建立中国特色现代慈善体制。中国特色现代慈善体制有两个关键词：一个是中国特色，一个是现代慈善。所谓中国特色，是相对于外国来说的。中国与外国比较，传统历史、发展基础都不相同，彼此所处的发展阶段也不一样，人口、资源也不一样，所以中国建立的现代慈善体制肯定与美国建立的慈善体制是不一样的。我们一方面要向人家学习，另一方面又不能把人家的那一套照搬过来。那样既做不到，也没有必要。所谓现代慈善，则是相对于传统慈善而言的。大家知道，中国的传统慈善，不外乎家族性慈善，亲朋好友相帮，邻里互助。再就是宗教性质的慈善，主要是庙宇等宗教机构给出的一些恩赐、施舍。庙堂里，则有皇帝做出的一些安排，做出一个行善的姿态而已。这种慈善模式在中国已有几千年的文化基础。我们今天所强调的现代慈善，只能把这些道德因子、元素保留下来，发扬出来，却不能再简单地沿用这些形式了。

我认为，发展中国现代慈善应当遵循以下"一二三四"四个基本框架。教育基金会是中国现代慈善的重要组成部分，也应当围绕这四个基本框架来明确公益方向、开展公益项目。

这里的"一"，就是一个总的目标，就是共享，既包括财富共享、地域共享，也包括过程共享、结果共享，甚至包括权力共享等。还有我前面所讲的多数人共享、社会共享等。

"二"是两大力量，就是调动两种力量，一个是政府的力量，一个是民间的力量。现在看来，两者之间的关系还很难处理好。比如说"郭美美事件"，对中国红十字就产生了巨大冲击。这不是红十字的原因，而是体制问题的一种集中表现。红十字是代公权力受过，因为慈善处在公权力的链条里最薄弱的环节上，容易代表公权、代表政府被动挨打。要处理好两者的关系，一定要把两者的积极性都调动起来。美国红十字会，也是在美国政府下面的一个机构。不是说官办的就一定不行，民办的就一定如何好。特别是在目前这个阶段，我们还很难做出判断。但是，两者都要有边界，边界也要划清楚。政府主要是制定规则，加强监管，也可以去购买服务。基金会做得好，政府就用一些钱购买服务，把服务交给基金会去做。而民间要做的事，就是要把基金会的事按照集约化、制度化的要求，努力做到最好，做到透明，做出成效。我们应当防止的是，把政府与民间对立起来。政府与民间应当正确处理好关系，形成一种良性的互动。这样才会对中国慈善的未来发展产生积极的影响。

"三"是指三项探索。第一项探索是公益信托。美国的比尔·盖茨基金会的捐赠来自比尔·盖茨及其夫人设立的公益信托取得的收益。根据每年的预算，把收益拨给基金会，再落实到项目中去。再比如巴菲特把四五百亿美元的资产投入到比尔·盖茨基金会，也是把那些资产交给信托，信托产生的收益交给基金会去做慈善项目。我国2001年就有了信托法，也列有专章规定了公益信托，但至今都没有成功的案例，没有相应的配套政策，也还没有一种启动的机制。这些都需要慈善法来解决。在慈善法里，公益信托叫作慈善信托。今年年初，华民慈善基金会和深圳市民政局合作，准备在深圳前海先试先行公益信托，现在看来，难度相当大。公益信托在未来将成为股权捐赠、物权捐赠、大额捐赠以及期权捐赠的实现形式。如果没有公益信托，有钱人想把资产捐出来，根本做不到。第二项探索是影响力投资。对中国来说，这是一个新概念。美国的影响力投资已经形成了一种规模性投资形式。什么叫作影响力投资呢？也可以叫作"三重底线投资"，既讲究社会效益，又讲究经济效益，还要考虑环保。一方面社会效益要好，另一方面经济效益也要好，还要保证可持续发展。这样的投资叫做影响力投资。这种投资不是慈善，但与慈善相关。这种投资强调的不是一般的社会责任投资。社会责任投资讲的是如何把企业对社会的危害减少到最低程度。影响力投资则是一个更积极的投资方式，考虑的是如何解决好社会问题。这种投资对基金会来说很重要，可以说是基金会的基本投资方式。基金会未来保值增值，很有可能要走影响力投资的这条路线。华民慈善基金会正在跟深圳的残友集团合作,深圳兴建一个共享大厦。这个大厦建成后,可以拉动更多的残疾人就业。这个模式就是很典型的影响力投资项目。第三项探索是家族基金会。刚才我讲过中国的"富不过三代"问题,美国的洛克菲勒家族现在是第六代、第七代了,还在延续。道理很简单,老洛克菲勒已经将所有的财富交给洛克菲勒基金会,包括他的别墅、价值连城的名画都捐给了基金会,总额将近几千亿美元。这样,洛克菲勒家族就出现了两个平台:一个是家族平台,比如说家族有能力差的人,就会由家族给予支持,让他能够有生存的能力。一个是道德平台,它凝聚了家族的道德意识和道德行为。这种道德意识和道德行为保证了这个家族不去害人。所以从第一代洛克菲勒到现在已经六代了,也没有什么坏人,倒是出了副总统,出了议员、市长、州长。这个家族也不会出现贫困现象,家族的道德凝聚使家族蓬勃发展,而且一代一代发展下去。中国改革开放以后,第一代企业家已经形成,也到了财富传承的阶段。香港、台湾一些大家族的财富传承到第二代就已经衰落了,根本谈不上第三代。我想,中国必须大力推动家族基金会,使之成为非公募基金会的一个重要的组织形式。我父亲名叫卢佳祥,他去世后,我们兄弟姐妹几个就以他的名义建立了一家基金会。这个基金会就是我们家族未来发展的一个发展平台和道德平台。家族基金会是现代慈善发展绕不开的话题，有志之士应当全力以赴，努力探求，不仅有益于家族发展，也有益于民族的发展与进步。

"四"是指现代慈善的四个方面。第一是社会化。基金会包括家族基金会，也包括教育基金会，实际上捐款到了基金会，这些钱就是全社会的财富，就必须进入社会化管理和制度化管理。第二是法制化。前提是要有规矩、有法律。随着慈善法的酝酿及出台，慈善的规矩会越来越清晰。目前，很多领域没有规矩，比如家族基金会就没有规矩，影响力投资、公益信托也没有规矩。没有规矩就规范不了，更发展不了。所以，法制化的速度要加快。第三是专业化。中国慈善业作为一个业态，专业水平是远远不够的，跟西方比距离更大。原因很多，其中一个重要原因是没法定价。人才是要定价的。这是专业上的定价，现在我们还没有这个能力。一是基金会还没有发展到这个程度，二是我们相关制度建设也没有达到成熟的水平。特别是这些年来，我参与国际慈善交往，更加感觉到我们的专业化与国外的距离的确太大了。国内的一些基金会，特别是民政部主管的基金会，比如说我们的团队，专业水平应该是非常不错的，但是他们大都不从基金会拿工资，都是从企业另外拿工资。没有一流的工资，怎么能有一流的人才呢？专业化需要配套的措施，措施没有跟上，专业化也是困难的。第四是国际化，这个理念非常重要。如果说互联网对改变世界发生了重大的作用，那么慈善也具有同样的功效。我和美国人的接触是很多的。刚开始的时候，有人担心别人来和平演变把我演变过去了。后来发现，他们没有改变我，我改变他们倒是比较多一点。我们是中庸之道的后代，是仁义礼智信的后代，我们怕什么？我们有的是力量。华民慈善基金会是第一个到美国去办研究机构的基金会。我们到罗格斯大学建立了华民研究中心，我们也是最早拿钱来支持中美慈善高峰论坛的基金会。政府不好说的话，民间都好说，而且通过慈善来说，几乎没有任何障碍。所以，我觉得慈善的国际化是一个非常重要的议题。中华民族要发展，要和平崛起，就应该有崛起的心态。中国经济现在是世界老二了，那就应该有老二的胸怀。如果没有这样的胸怀，没有这样的姿态，要说中华民族崛起，那只是一句空话。慈善本来就没有国界，不要过多地把慈善政治化。总之，我特别强调现代慈善的社会化、法制化、专业化、国际化，这一个系列化，需要通过一系列平台表现出来。同时，包括慈善组织的建设、管理，特别是公信力、透明度建设等，都是必须的手段和条件。那么概括起来说，中国现在慈善的方向就是要建立起中国特色现代慈善体制，同时要建立起相关的理论体系，还要形成相应的文化体系。如果这些体系形成了，中国再经过十年二十年的努力，就会有一个良好的体制雏形。我觉得，中国现代慈善的发展速度非常快，公益慈善理论领域也出现了一批专家，特别是这批专家与政府形成了良性互动，在政策制定等方面已经做了大量的工作，中国现代慈善的大趋势已经越来越清晰，一个辉煌灿烂的明天已经呈现在我们的面前。我们应当为迎接明天而共同努力！

三、教育基金会的转型

教育基金会是中国基金会行业中的一支重要力量，为中国教育事业发展做出了巨大的贡献。湖南省教育基金会在湖南教育事业的发展过程中承担了很重要的角色，发挥了很重要的作用。同时，我也看到，大家面临许多困惑。这些困惑有些是大的政治、经济改革发展形势带来的，有些则是一些具体的改革政策措施带来的。总的来说有几大困惑：一是定位问题。教育基金会到底是"官"还是"民"呢？大家讨论得比较多，觉得有点像官不官、民不民，处于一种半官半民的状态。实际上，大家越来越清楚，教育基金会是民不是官，但是又与官结合得相当紧，官的色彩远远强于民的色彩。二是发展方向问题。教育基金会到底干什么，到底怎么干呢？帮助一些困难的学子、教师，或者帮助教师去深造、培训、学习等，这些工作我们都在做，而且做得也很好，但是我们的发展方向到底是什么呢？大家并不一定很清楚。三是现在遇到一些难处，包括领导机构方面的、管理制度方面的，也包括筹资方面的，这些难处有的是政策调整带来，有的是长期发展中的困难。我认为，从总体上看，这些困惑和困难都是社会转型时期特有的，而且不仅是教育基金会才有，各行各业都有，这是一种转型的代价。当年我们开始推进经济体制改革的时候，大家不也遇到了种种困惑吗？比如国有企业改革与职工下岗、政府机构改革与工作人员缩减、领导体制改革与干部到了一定年龄就要退休等等，面临过困难，我们一样走过来了。这说明，任何一种社会政策转型都会带来许多困惑，但是只要过了这一关，前面就是希望。所以，不管怎么改、怎么变，我们都可以充满信心、看到希望。道理很简单，我们就是这样走过来的。30多年来的经济体制改革就是这么走过来的。社会体制改革正在进行，我们已经有了经济体制改革的经验，就没有必要悲观了。

我们还要深刻地认识到，国家现代化包括政治现代化、经济现代化和社会现代化等几个方面。社会现代化是国家现代化的重要组成部分。当然，中国有中国的国情。中国所有的现代化都是在中国共产党统一领导下进行的。这应当是大家的共识。不久前，我跟一个朋友交流时说，我们传统实行的就是"家天下"，孙中山后来领导大家把皇帝推翻了，想搞一个"民天下"，但是他的"民天下"没搞成，后来被搞成了一个"党天下"。再后来，"党天下"这有其历史发展的必然性，也是中国国情所决定的，这些道理大家都清楚。我认为，我们现在能在"党天下"和"民天下"之间找到一种良性的合成机制，这个合成机制包括些什么呢？第一，比如说一种好的授权机制。正如习近平主席所讲的，"权为民所赋"，人民赋权就要有一种规范的赋权机制和期限。第二，比如说监管机制。你犯了错误，我就有权利和办法来帮助纠错。第三，比如说直通机制。就是说你体制内的人犯了错误，民里面的优秀分子可以通过一种路径到体制内去、到领导岗位上去发挥自己的聪明才智。我们如果把这样一种机制建立起来，就是把"党天下"和"民天下"给合成了一体。如果我们的领导人解决了这个问题，那他就是中华民族伟大复兴之集大成者。我认为，这个问题是可以解决的，我们充满信心。

与此同时，我们还必须要看到的是，现代经济体制已经非常明确地强调了市场经济的调节作用，要发挥市场的决定性、基础性作用。为此，政治体制要进一步改革，现在强调宪法，确定国家宪法日，强调法治，强调民主等，都是政治体制改革的重要步骤。社会体制也要改革，到底怎么改呢？社会体制改革的核心就是社会组织的改革，就是要建立起一流的、跟社会现代化相适应的、与经济体制和政治体制配套的现代社会体制。从这个角度上讲，我们要明确几个问题：第一，所有的社会组织就是姓民，不姓官，而且不管你现在姓官还是姓民，将来一定姓民。我们现在必须有这样的思想准备，无论是公募基金会还是非公募基金会。第二，我们的基金会到底要做什么，发展方向到底是什么呢？比如教育基金会，大概有这么几类：第一类是由政府主导的，比如说湖南省教育基金会；第二类是由各个学校主导的，比如各大学的教育基金会；第三类是其他的主体主导的，包括华民慈善基金会。我们每年向教育领域捐资三千万元，在全国50所大学里援助5000到10000人就业，这个项目自然属于教育类，也可以叫作教育基金会。实际上，中国很多基金会都把精力投入到教育里，这说明中华民族确确实实是一个热爱教育的民族。那么，教育基金会特别是政府主导的教育基金会，到底有什么优势呢？我觉得，最大的能力是懂教育，比别的基金会更懂教育。比如湖南省教育基金会比华民慈善基金会更懂教育，既懂宏观又懂微观，既懂现在又对未来有思考和憧憬。

那么，教育基金会要做些什么呢？洛克菲勒基金会在若干年前有一个特别贴切的比喻说，基金会起什么作用呢？就是起针灸作用。中医里的针灸，找到一个穴位一针扎下去，整个身体就会得到改善。基金会实际上就是起这个作用，我们就是给社会上存在的一些问题扎针灸。教育基金会要发挥什么样的针灸作用呢？教育基金会不能仅仅做一些帮困扶贫，或者是支持教师培训的事情，应该有更广泛的内涵和途径。教育基金会既然代表社会，是民，这个身份决定了要的做很多事不能跟官方一样。当然，跟官方必须有良性互动，但不能完全是一个立场；如果是一个立场，这个基金会就没必要成立了，政府从财政拨点款就解决问题了。所以，我认为教育基金会应当有这样几个作用或者说功能：第一，维护权利，比如说法律规定的九年义务教育，教育在这里就不能搞教育产业化，那是一种接受教育的权利。最近我们基金会有一个同事去看了一个学校后说，学校有点不成样子，课桌太破了。我认为，与其拿钱去支持这样的学校，不如帮助学校去维权。教育基金会首先要在教育公平方面代表老百姓说话，代表老百姓维权。第二，促教帮困。这个工作可能做得最多，也做得很上心，也最能看到成效，直接解决了困难群体的问题，他们也非常高兴。这项目工作应当做得更好。第三，是引导改革和创新。我们现在的教育体制有很大的问题。民国时期天下大乱，但出现了一批大师，现在为什么反倒没有大师出现了呢？有人说，那个时候有独立之精神、自由之思想。那现在就没有自由思想吗？现在谁让你不独立、不自由了吗？没有啊！但是，现在的教育体制几乎所有的教授都想当系主任、当院长，所有的人都想当官，不那么愿意好好做教授。这种官本位的意识，已经严重侵蚀了中国的教育体制。这样培养出来的人就都是官了，这当然是有问题的。所以，教育体制必须改革。教育基金会要好好研究，发挥一种正确的引导作用。华民慈善基金会愿意做这样的事。我们希望教育基金会在引导教育改革和创新方面发挥重要作用，这才是对教育领域存在的问题发挥针灸作用。第四，要凝聚教育事业发展的共识。政府和民间要有共识。从身份上说，政府有政府的立场，老百姓有老百姓的立场。教育基金会就是通过上通下达，促使政府和民间之间形成对教育改革的共识，比如教育体制改革，不仅要重视学校教育，还要重视家庭教育、社会教育等等。总之，教育基金会应该把自身的职能范围扩大一些。扩大了，才更有影响力。

发展教育基金会，还有一个重要工作就是筹措善款。大家都觉得筹措善款难度很大。其实，如果我们把定位定明确了，把方向搞明白了，把管理搞好了，就形成了品牌，有了品牌，就等于有了钱。某种意义上讲，打造公益品牌，就等于筹措善款。现在相当多的富裕人家是愿意做好事的，愿意做公益。可是却感到行善无门，想把手里的钱拿出来给社会，却拿不出去。这说明，我们的慈善政策有问题。如果解决了这个问题，教育基金会的品牌也树立了，还愁筹不到善款吗？目前的情况是，我们的老领导去"化缘"，去企业，特别是国有企业筹措善款。国有企业的钱本来就是国家的，向他们筹措善款，做起来很难。如果让老百姓知道，教育基金会是老百姓自己的事，也确确实实维护了老百姓的权利，而且在政府和老百姓之间建立起了良性互动的桥梁和机制，老百姓为什么不愿意捐钱呢？我接触的企业家中，相当一部分人都愿意向社会捐款。问题是，我们许多基金会的管理跟不上，又不太透明，不清楚是官还是民，所以缺乏捐款的热情。所以基金会首先要回到民间来，然后做出好的品牌。湖南有一种香烟叫芙蓉王。本来就是一支烟，很多人都知道吸烟对健康有害，但是有人给这个烟赋予了仁义礼智信的文化符号，结果卖得非常火爆。好像大家抽的不是烟，抽的是文化。这说明，品牌的价值特别重要。深圳壹基金是一个公募基金会。玉树发生地震后，壹基金筹到的钱就超过了红十字会，我与马蔚华理事长讲，你治理壹基金真像治理招商银行一样，说明人们更加信任那些把慈善做得更好的基金会。所以，我建议大家痛下决心，可以考虑跟我一样，以不同的方式回到民间来，民间风光无限好。这样，基金会的定位明确了，方向清晰了，管理提升了，自然会得到老百姓的支持和拥护。当然，这也有一个过渡期，特别是现在慈善法还没有出台。慈善法出台以后，也还有一个规范发展的过程。当然，教育基金会要改革，像华民慈善基金会这样的基金会也要改革，也在等待着慈善法的诞生，等待着适应现代慈善发展的制度的出现。在这个过渡期，我们可以通过定位的清晰化、方向的明确化、管理的现代化，进一步形成自己的公益品牌，一旦形成了自己的公益品牌，许多问题就可能迎刃而解了。无论是芙蓉王，还是壹基金，一个是商业的，一个是公益的，都给了我们重要的启示。

最后，我想说的是，湖湘文化靠教育来传承，同时也靠教育来改造。我认为，湖湘文化经过了几个阶段：一是曾国藩、左宗棠那个时代，那是"保天下"；二是毛泽东那个时代，这是"打天下""夺天下"；现在到了"发展天下"的时候，到了"和天下"的时候，但是这个时候，我们有些落伍了。湖湘文化一直像一个革命文化，不像一个发展文化，湖湘文化到了必须进行改造的时候了。我们有一句话叫"心忧天下，敢为人先"。忧心天下，是要有资格的。我们要承认我们落后了，要承认我们的文化需要改造。我愿意在湖南做慈善，做慈善，我把钱捐给慈善项目就行了。经济上的事，我更愿意跟江浙人合作，他们讲规则。湖湘文化是一个讲革命、讲霸蛮、不重规则的文化，是一个需要改造的文化。改造的工具很多，我推荐的工具是发扬资本精神，依靠手段是发展教育。在第一波的经济改革中，我们没有走到最前头，但是第二波的社会改革中，我们是有条件引领的，因为湖南教育改革一直走在最前面。在社会改革浪潮中，我们有可能取得引领地位，目的就是要造就一代新湖南人。这些人既心怀天下又脚踏实地，既包括在湖南的湖南人、也包括在全国、全球各地的湖南人，还包括在湖南的全国人、世界人，这些人必须承载新的时代使命。我相信，转型后的湖南教育基金会一定能在湖湘文化传承改造中，在造就一代新湖南人等方面发挥积极的作用。祝湖南省教育基金会的明天更加美好！

（根据讲话录音整理）

后记:生命不息 "补德"不止

仲冬的北京是清爽的。天蓝蓝的,有些难得!

刚刚整理好一年多来的演讲,我的思绪更加清晰明朗,就像清晨的长安街,一派明丽静和。一阵清风吹过四合院"共享堂"前的石榴树、枣子树,院子里响一片树叶"唦唦"声。我又想起了自己最近的一次演讲。

今年11月2日,我受邀在世界青年论坛上与青年大学生交流[①],题目就叫"生命不息,'补德'不止"。这话还

---

① 2014年11月2日,世界青年论坛2014年年会在中国人民大学逸夫会议中心举行。我受邀出席论坛,被聘为青年创业梦想导师,并在闭幕式上做了题为《生命不息"补德"不止》的演讲。作为改革开放后的第一代企业家之一,我希望青年创业家们以更广阔的视野、更踏实的作风去承担时代赋予的使命。以80后、90后为代表的新一代创业家正在成长,有的已经崭露头角,有无限广阔的发展空间。我用自己的亲身经历,说出了自己不断"放弃"的创业故事,讲述了自己一个关于"补德"的思考过程,以及对资本的灵魂、生命的机制以及社会目标等方面的思考。我的目的是,面对经济社会发展,特别是面对社会主义市场经济的不断完善与发展,希望大家一起来"补德",生命不息,"补德"不止,共同为实现中华民族伟大复兴的"中国梦"而努力奋斗。

得从 20 多年前说起。1992 年的时候，作为中共湖南省委政策研究室最年轻的处长，我还不到 30 岁。单位要我去跟湖南省的一些企业家讲课，讲邓小平南巡讲话精神。在宣讲小平同志伟大思想的同时，我还和企业家们说了两点，第一，希望大家赚更多的钱，放开手挣钱；第二，不仅要挣钱，还要讲德性，讲合理、合规地挣钱。讲了半天，一些企业家存在困惑。其中一个年轻企业家，是湖南最大的国有企业负责人，她说：卢德之，一般来说，起名字的时候，往往会缺什么补什么。你是不是"缺德"啊？我们是第一次见面，我是省里的干部，我怎么就缺德了呢？这虽然是一个玩笑，但促使我想了很多。一个人不管缺不缺德，"补德"总不会错吧，那我就好好补一补。怎么补呢？我的专业是政治学，对中国传统文化深怀敬重。我发现"德"通天地。"德"字上面的那一竖，顶天立地，发乎心，直达心。要补这样大的一个"德"字，如果用一个字去补，那是做不到的。于是，我找到了两个字，叫作"放弃"。用"放弃"去"补德"。放弃是不容易的事，主动放弃更是痛苦的选择。我却是快乐地放弃的。第一步，我放弃了"官"，就是在学习小平同志南巡讲话后，我下海了，在一家国有企业当了老总，一个商场里的厅级干部，就是那个时候的一个新说法，叫作"官商"。不久，我发现，这个厅级干部的老总位置并不是我所追求的，也

后记：生命不息"补德"不止

很难实现自己的理想。于是，我迈出了"放弃"的第二步，从"官商"变成了"民商"，同时扛起了3800多万元的债务。用三千多万元买了一个自由身份，真正弃"官"而"民"了。来到真正的市场以后，我把自己所有的心血都投入进去了，在商海里遨游了20多年，先后做过房地产，办过信用社、信托公司，领导过上市公司等，到现在积累了相应的资本。这期间，我一直没有忘记"补德"的事。6年前我再一次"放弃"，也就第三次"放弃"。这一次，我是弃财向善，也可以说是"从良"，我主持创办了华民慈善基金会，而且承诺只要国家的政策允许，我将把更多的财产放到基金会里去。到现在我在慈善领域做了快7年了。前不久遇到那位企业家，我说：我们都是做企业的，你能不能请一个中介机构给我评估一下，我的"德"补上了不？为了"补德"，我先后把"官"放弃了，把"官商"放弃了，把钱都交给慈善了。我"官"不当，也不移民，钱也捐了，能够放弃的都放弃了。也就是说，我现在已经没有什么可以放弃了，钱不要了，名不要了，利也不要了，剩下的就只有这条命了。生命现在还不想放弃。当放弃生命的时候，可能就是成"大德"了。如果真能那样，那也不一定是"人德"，而可能是"神德"了！这或许是一个目标，可能永远达不到。

这么多年来，我总是在想，我做慈善，一般不提倡别

让资本走向共享

人都去学。慈善是一个自愿的事，就像一个人喜欢唱卡拉OK，喜欢打高尔夫球，我就是喜欢慈善这个事，这是我"补德"的一种方式。经过20多年的奋斗与思考，确实有一些感受，值得与大家分享。

第一，一个人总是需要一种向上的精神。当年，我从"官场"来到民间以后，就准备去攻读博士。后来，我开始重读《圣经》。重读《圣经》的时候，我惊奇地发现一个基本原理：人管人，那是没法管住的；特别是没有人在身边的时候，一个人靠谁来管你呢？靠神来管住你。不过，我没有上帝，那又怎么办呢？后来，我发现，在我心中的上帝就是一种精神，一种至高无上的精神——资本精神。我给资本安了一个灵魂，就是资本精神，尽可能有一种靠近西方那种上帝的感觉。我讲资本精神，既是现实的启迪，也是理性的追求。长期以来，我们天天讲发挥资本的作用，却又总是在讲资本的"坏话"；我们天天讲资本"丑恶"，同时又在那么热情地讲资本市场、讲资本运作。这个资本还是不是当年马克思讲的那个资本了呢？显然不是了。我们需要给资本正名。资本精神是资本的一种内在动力，是一种道德精神。资本是一个好东西，不是一个坏东西，掌握资本的人却有好坏之分，与资本本身没有关系。后来，我把资本精神的内容归结为三个"拼命"：叫拼命地挣钱、拼命地省钱、拼命地为神圣的目的而花钱。

后记：生命不息"补德"不止

就慈善而言，那就是拼命地为神圣的目的而花钱。这是我的一个感悟、我的一种精神。我谈资本精神，在美国的影响比在中国大，哈佛大学邀请我去讲的也是资本精神。

第二，人生还有需要一种"向死而生"的追问意识。生命是非常宝贵的。如果我们真正认识到生命的终点是不可逆转的，那我们是不是可以多往前想想，比如想到50岁以后考虑的事情，甚至更远的事情，比如我们读更多的书的同时，还可以静下心来读读佛经。我读了一些佛经之后，发现许多问题豁然开朗了，理解也相当透彻了。我总是对我身边的企业家讲，如果没有精神追求，没有资本精神，没有想想灵魂的事，我们临死的时候可能比没有钱的人更难受！我始终认为，如果简单地把钱交给后人，后人又没有参与财富创造的过程，就像我们生活中水、空气，因为唾手可得，这么好的东西很快就被污染掉了。世界上的事就是这样，太容易得到的东西，也会很容易失去。所以说，把钱简单地交给后人，并不是真正的爱后人，其实是在害后人。如果有了这样一种思维方式，我们把生命的终点往生命的起点推，由"生"往"死"推，就会发现所有的困惑与问题都不存在了。这个时候，正确的财富观也就出现了，财富传递的方式也就正确了。这是我的一种真切的感受，我也是这样去做的。所以，我快乐而又充实。

让资本走向共享

第三，我们需要经常想一想我们应当追求什么样的社会目标。每一个人都是社会生活的有机组成部分，我们到底需要什么样的社会目标呢？我总是在想，社会主义的本质到底如何理解呢？我的理解是，社会主义就是一个多数人主义。我做慈善以后，更加深刻地感觉到，我们许多东西应当让多数人共享，无论财富还是权力等，都需要一定的共享方式，慈善就是共享的重要形式。后来，我到哈佛大学演讲，标题就是"超越左右，追求共享"。在中山大学演讲的时候，主题就更加明确为"走向共享"了。2014年以来，我经常联想到自己三次"放弃"的生活，联系到与资本之间20多年的"亲密接触"，更加深刻地感受到了资本的基础性价值与意义。我认为，明确了资本的价值、努力发挥资本作用的同时，更需要明确经济社会走向共享的目标选择与设计，所以，我提出了"让资本走向共享"的命题。我想，资本主义对资本有一种天生的敏感与追求，社会主义天生地追求多数人主义。资本主义则用不同的方式吸取多数人主义原则的同时，社会主义也比任何时候都重视资本、让资本为多数人服务。这种发展趋势需要我们进行论证，需要我们给出一个理论的认知，一个理论的方向。共产一种只是手段，不是目标，共享才是目标。共产最多是一个阶段性的目标，比如辛亥革命时的共产，比如依法对一些特殊利益集团的共产，这些都是应当的、

后记：生命不息"补德"不止

合理的。但是，社会发展的真的目标只能是共享。我生活中的三次"放弃"，本质上就是追求共享的过程。

现在回头一看，我是不是达到了"补德"的目标呢？当然，不过德是不是补上了，不是我自己说了算，还是社会说了算。德性不会有最好，只会有更好。我想，全社会的人如果都来"补德"，我们一定会收获一个充满阳光与温暖的共享社会！

写完上面的话，已是北京的凌晨时分。仰望星空，北斗闪烁。康德曾经说过，他头顶着灿烂的星空，内心想着的是道德律。今天，我头顶着深邃的星空，内心想到是从资本精神走向现代慈善、让资本走向共享，让人类永远充满爱！

生命不息，我将为此奋斗不止！

　　　　谨识于北京西总布胡同"共享堂"，2014年仲冬

致　谢

　　这本小册子可以说是去年出版的《走向共享》的续编，是我长期实践与思考的又一个阶段性进展的小结，也凝聚了许多朋友的智慧与支持。

　　谨此，非常感谢北京大学斯坦福中心、北京师范大学中国公益研究院、南京大学河仁社会慈善学院、中山大学中国公益慈善研究院、台湾法鼓文理学院等大学为我提供了很好的讲学机会；

　　感谢参加首届东西方慈善论坛（夏威夷）、美国罗格斯大学、中国家族财富传承峰会、中美反贫困国际研讨会、中国慈善论坛、台北图书馆、台湾法鼓山佛教学院、中国慈善项目交流展示会（深圳）、社会价值投资国际研讨会、洛克菲勒家族暨全球慈善家协会代表团座谈会、世界青年论坛、湖南省教育基金会等会议的海内外朋友们给了我鼓励与启发；

　　感谢我的老师、朋友们给我思考的指导与智慧的

致　谢

支持；

感谢企业界的朋友们为筹集华民慈善基金会慈善项目所需资金而付出的辛劳与汗水，感谢华民慈善基金会工作人员努力把慈善这件最好的事做得更好；

感谢中共中央党校任俊华教授、美国罗格斯大学Richard Edwards教授拨冗为该书撰写了序言；

感谢华夏出版社为出版该书所付出的辛勤劳动。

感谢我的家人给我的爱、支持和力量，并以此书深切地怀念我的父亲！

参考书目

孔　子：《论语》，中华书局2009年版。

司马迁：《史记》，中华书局1982年版。

马克思、恩格斯：《马克思恩格斯选集》第1—4卷，人民出版社1972年版。

孙中山：《建国方略》，中国长安出版社2011年版。

毛泽东：《毛泽东选集》，人民出版社1991年版。

邓小平：《邓小平文选》，人民出版社2004年版。

习近平：《干在实处走在前列》，中共中央党校出版社2013年再版。

习近平：《摆脱贫困》，福建人民出版社2014年再版。

习近平：《之江新语》，浙江人民出版社2014年再版。

习近平：《习近平总书记系列重要讲话读本》，学习出版社、人民出版社2014年版。

冯友兰：《中国哲学史》，广东人民出版社1999年版。

费孝通：《乡土中国》，上海三联书店1985年版。

黄仁宇：《资本主义与二十一世纪》，上海三联书店出版社2006年版。

孙冶方：《社会主义经济论稿》，广东经济出版社1998年版。

马寅初：《新人口论》，广东经济出版社1998年版。

薛暮桥：《中国社会主义经济研究》，广东经济出版社1998年版。

于光远：《中国社会主义初级阶段经济》，广东经济出版社1998年版。

厉以宁：《非均衡的中国经济》，广东经济出版社1998年版。

吴敬琏、刘吉瑞：《论竞争性市场经济》，广东经济出版社1998年版。

吴敬琏：《当代中国经济改革》，上海远东出版社2004年版。

唐凯麟编著：《伦理学》，高等教育出版社，2001年版。

宋承先：《西方经济学名著提要》，江西人民出版社1989年版。

谈　敏：《法国重农学派学说的中国渊源》，上海人民出版社1998年再版。

胡寄窗：《中国经济思想史简编》，立信会计出版社

1997年版。

卢德之:《资本精神》,中国社会科学出版社2007年版。

卢德之:《论慈善事业》,人民出版社2013年版。

卢德之:《走向共享》,北京大学出版社2013年版。

[古希腊]亚里士多德:《政治学》,吴寿彭译,商务印书馆1974年版。

[古希腊]柏拉图:《理想国》,郭斌和等译,商务印书馆1986年版。

[英]亚当·斯密:《国民财富的性质和原因的研究》商务印书馆1974年版。

[英]亚当·斯密:《国富论》,郭大力、王亚楠译,上海三联书店出版社2009年版。

[法]查理·孟德斯鸠:《论法的精神》,彭盛译,当代世界出版社2008年版。

[法]萨伊:《政治经济学概论》,商务印书馆1963年版。

[美]凯恩斯:《就业、利息与货币通论》三联书店1957年版。

[美]萨缪尔逊、诺德豪斯:《经济学》第14版,北京经济学院出版社1996年版。

[美]弗朗西斯·福山:《历史的终结》,黄胜强等

译，中国社会科学出版社2003年版。

［美］亚瑟·布鲁克斯：《谁会真正关心慈善》，王青山译，社会科学文献出版社2008年版．

［美］马修·比索普等：《慈善资本主义》，丁开杰等译，社会科学文献出版社2011年版。

［美］卡内基：《财富的福音》，杨会军译，京华出版社2006年版。

［法］阿历克西·托克维尔：《论美国的民主》，董果良译，商务印书馆2009年版。

［法］阿历克西·托克维尔：《大革命与旧制度》，冯棠译，商务印书馆1992年版。

［德］马克斯·韦伯：《新教伦理与资本主义精神》，于晓等译，三联书店1987年出版。

图书在版编目（CIP）数据

让资本走向共享/卢德之著．—北京：华夏出版社，2015.1

ISBN 978-7-5080-8341-4

Ⅰ．①让… Ⅱ．①卢… Ⅲ．①资本—研究 Ⅳ．①F014.39

中国版本图书馆 CIP 数据核字（2014）第 295295 号

让资本走向共享

作　　者	卢德之
责任编辑	兰欣实
出版发行	华夏出版社
经　　销	新华书店
印　　刷	三河市万龙印装有限公司
装　　订	三河市万龙印装有限公司
版　　次	2015年1月北京第1版　2015年1月北京第1次印刷
开　　本	720×1030　1/16开
印　　张	14.75
字　　数	130千字
定　　价	36.00元

华夏出版社 网址：www.hxph.com.cn　地址：北京市东直门外香河园北里4号　邮编：100028
若发现本版图书有印装质量问题，请与我社营销中心联系调换。电话：（010）64663331（转）